Uma História do Brasil

Império

Aos amigos, colegas e companheiros
Maria do Carmo da Silva,
Pedro Paulo Funari e
Vilma e Eduardo Saboia

Uma História do Brasil

Império

Mário Maestri

EDITORA CONTEXTO

Coleção
Uma História do Brasil

Projeto de capa
Maria Alice Gonzales

Projeto gráfico e diagramação
Niulze Aparecida Rosa

Preparação
Rose Zuanetti

Revisão
Sandra Brazil

Dados Internacionais de Catalogação na Publicação (CIP)
(Câmara Brasileira do Livro, SP, Brasil)

Maestri, Mário.
Uma história do Brasil: Império / Mário Maestri.
3. ed. – São Paulo: Contexto, 2002.

Bibliografia.
ISBN 85-7244-059-3

1. Brasil – História – Império, 1822-1889. I. Título.

·97-0559 CDD-981.04

Índice para catálogo sistemático:
1. Brasil-Império, 1822-1889: História 981.04
2. Império, 1822-1889: Brasil: História 981.04

2002

EDITORA CONTEXTO (Editora Pinsky Ltda.)
Diretor editorial *Jaime Pinsky*
Rua Acopiara, 199 – Alto da Lapa
05083-110 – São Paulo – SP
PABX: (11) 3832 5838 fax: 3832 1043
contexto@editoracontexto.com.br
www.editoracontexto.com.br

Sumário

Uma Nação para os Escravistas

Com o início das plantações açucareiras nas colônias luso-americanas, a partir de 1530, o escravismo tornou-se a forma dominante de produção. Em todo o período colonial, a produção assentou-se sobre a mão-de-obra escrava, inicialmente americana e depois africana. O modo de produção escravista colonial dominou as outras formas de produção e moldou profundamente a sociedade brasileira até a Abolição.

Nas colônias escravistas luso-americanas, o mundo rural dominava o mundo urbano. A principal unidade produtiva era a fazenda latifundiária, monocultora e escravista. Em torno dela organizava-se a vida econômica e social da colônia.

A economia agroexportadora colonial produzia seus produtos regionalmente e dependia dos mercados internacionais para vendê-los. Em geral, os *mercados internos* tinham pouco ou quase nenhum sentido. O Brasil colonial constituía-se de um mosaico de regiões produtivas semi-autônomas. As diversas colônias luso-americanas viviam de costas umas para as outras, voltadas para a Europa e para a África.

O historiador Capistrano de Abreu chegou a afirmar que, nos primeiros tempos, as capitanias viviam em verdadeira "condição de Estados estrangeiros". Apenas a ligação à mesma metrópole e à administração colonial centralizada dava uma certa impressão de unidade às colônias luso-americanas. E mesmo isso deve ser relativizado.

A autoridade das elites americanas sobre as questões municipais era maior do que se pensa. O Senado da Câmara, dominado pelos grandes plantadores coloniais, exerceu uma ampla autoridade - às vezes legal, às vezes abusiva - sobre os assuntos locais durante todo o período colonial. As autoridades metropolitanas preocupavam-se em não entrar em conflitos profundos com os proprietários coloniais.

Por outro lado, durante muitos anos, a colônia luso-americana não possuiu uma administração centralizada. Nos anos 1573-1578, 1608-1612, 1621-1772, as capitanias do Norte e as do Sul foram administradas separadamente. Foram tempos de dualidade: Repartição do Norte/Repartição do Sul; Estado do Brasil/Estado do Maranhão; Estado do Brasil/Estado do Grão-Pará e Maranhão.

Os limitados meios de transporte da época contribuíam para reforçar os particularismos regionais. A produção escravista colonial - açúcar, algodão, arroz, couros, minérios - era exportada à Europa, por intermédio de Portugal, pelos portos regionais de São Luís, Salvador, Recife, Rio de Janeiro. De Portugal também chegavam os manufaturados consumidos nas colônias americanas. O tráfico negreiro garantia a reposição da população trabalhadora escravizada, abatida pelas terríveis condições de vida e do trabalho feitorizado.

Mosaico colonial

A coroa portuguesa e a administração colonial procurava coibir o contato direto entre as diversas capitanias. A estrutura agroexportadora das colônias luso-brasileiras determinava a fraca comunidade de interesse entre elas. Era raquítico o comércio e o tráfego humano entre as diversas regiões do litoral do Brasil de então.

O historiador inglês C. R. Boxer escreveu sobre as possessões lusitanas da América do início do século XVIII:

> A colonização ficava, em sua maior parte, limitada a um certo número de colônias vagamente relacionadas umas às outras num cinturão costeiro que se estendia do delta do Amazonas até São Vicente, e dificilmente alcançava mais de trinta milhas de largura.

Devido ao sistema de ventos e às correntes marítimas, os contatos entre as regiões do Pará e do Maranhão e Lisboa eram mais fáceis e usuais do que os contatos entre o Norte e a Bahia ou o Rio de Janeiro. Este último mantinha ligações mais estreitas com Luanda do que com Salvador. Era grande a comunhão entre a Província de São Pedro e a Banda Oriental. Quase nada unia o Extremo-Sul à Amazônia luso-brasileira.

A historiadora paulista Emília Viotti da Costa lembra que ainda "às vésperas da Independência eram mais fortes os laços das várias províncias com a Europa do que entre si". Referindo-se aos primeiros esforços culturais sistemáticos das elites coloniais nas primeiras décadas do século XVIII, o historiador Nélson Werneck Sodré ressalta o caráter localizado dessa atividade cultural: "Os grupos estavam dispersos pelos poucos centros urbanos coloniais. Não se comunicavam sequer entre si".

A colônia luso-brasileira era constituída por grandes regiões produtivas, semi-autônomas – Pará, Maranhão, Pernambuco, Salvador, Minas Gerais, Rio de Janeiro, Rio Grande do Sul. As classes dominantes coloniais dessas diversas regiões controlavam o essencial do poder econômico e social regional e viviam em uma situação de relativa subordinação política à administração e às elites metropolitanas. Inexistia uma consciência de unidade *nacional* brasileira.

Em fins do século XVIII, a crise do mercantilismo expressava o novo reordenamento de forças entre as grandes nações européias. O regime colonial que garantia o exclusivismo da venda das mercadorias produzidas ou exportadas das metrópoles para suas colônias entrava em crise.

Com o desenvolvimento da produção capitalista na Europa Central, as nações ibéricas, incapazes de realizar suas revoluções burguesas, estavam destinadas a perderem as possessões americanas. No passado, o *pacto colonial* garantira o desenvolvimento das colônias e das metrópoles. Agora, constituía apenas um entrave ao progresso econômico do Novo e do Velho Mundo.

Parasitismo metropolitano

As elites coloniais, conscientes do controle econômico que exerciam em suas respectivas regiões e exasperadas com o caráter crescentemente parasitário do exclusivismo comercial metropolitano exercido pelas potências coloniais européias, almejavam a independência e a conquista do controle total do poder político.

Os diversos projetos emancipacionistas americanos surgiram no contexto dos espaços regionais econômicos e sociais existentes em fins dos século XVIII. As treze colônias anglo-americanas foram as primeiras a se libertarem entre 1776-1783. A existência de um certo grau de interdependência, a necessidade das elites de se defenderem da ex-metrópole - Inglaterra - e da população pobre livre determinaram a formação de uma república federativa, em que os Estados-membros gozavam, nos primeiros anos, de uma real independência quanto às questões internas.

Na América espanhola, nenhum esforço ou ideário americanista atingiu a tendência autonomista e separatista dos diversos blocos geoeconômicos. Em geral, a divisão da América espanhola e a formação de uma multiplicidade de Estados independentes corresponderam às tendências econômico-sociais – *centrífugas e centrípetas* – das diversas regiões da ex-colônia. Na época, por exemplo, era uma ilusão americanista sonhar com um Estado que reunisse a Argentina e o Panamá.

No Brasil atuavam os mesmos fatores que resultaram na divisão política e territorial da América espanhola. Em 1645, na revolta anti-holandesa, e em 1710, na Guerra dos Mascates, os pernambucanos chegaram a discutir a independência da capitania de Pernambuco. Em 1789, os *inconfidentes* sonhavam apenas com a independência das Minas Gerais. A Revolução Pernambucana de 1817, o primeiro grande movimento republicano no Brasil, foi explicitamente separatista. Para muitos autores, o *unitarismo* brasileiro constitui um dos grandes *mistérios* de nossa história.

Oliveira Viana registra a perplexidade de muitos cientistas sociais diante das razões do *unitarismo* brasileiro: "(...) nada, nenhuma necessidade poderosa nos levava (...) à integração do país dentro de uma possante armadura de poderes 'nacionais'." A historiografia tradicional apresenta comumente a nossa unidade nacional como resultado da intervenção providencial de dom Pedro I ou de José Bonifácio. Nesse sentido, escreveu Pedro Calmon:

> (...) príncipe-herdeiro D. Pedro de Alcântara. À sua presença no Brasil devemos a união das províncias, quando as Cortes portuguesas quiseram desagregá-las e, conseqüentemente, o próprio Brasil, como Evaristo da Veiga afirmaria mais tarde.

Independência unitária

Ao contrário das colônias espanholas, o Brasil emergiu da Independência como um Estado unitário e centralizado. Ele não conheceu nem mesmo o federalismo que organizou, por longos anos, as ex-colônias britânicas, onde os diversos Estados norte-americanos gozaram de uma grande autonomia diante do poder central. O Estado monárquico, autoritário e centralizador brasileiro resultou da necessidade das elites nacionais enfrentarem o problema da independência e da gestão constitucional do novo Estado, sem colocarem em perigo a espinha dorsal da economia colonial: a produção escravista.

O monsenhor e historiador Muniz Tavares, contemporâneo à luta pela Independência, assinalou com propriedade que a transferência da corte portuguesa para o Brasil - 10 mil pessoas - decretara o fim indolor do regime colonial brasileiro. Essa migração constitui, nos Tempos Modernos, o único caso de transmigração dos estratos superiores de uma classe dominante para uma colônia.

Com o estabelecimento da Corte no Rio de Janeiro, transferia-se também para a colônia o centro das decisões antes monopolizadas por Lisboa. A abertura dos portos ao comércio internacional terminava com o exclusivismo comercial português: as mercadorias brasileiras eram vendidas diretamente à Europa; os manufaturados do Velho Mundo chegavam mais baratos ao Brasil.

Em verdade, o Brasil transformou-se na capital do império lusitano. Aparentemente, permaneceria assim enquanto fosse resolvida a questão da gestão absolutista do Estado. Problema que foi agravado em razão dos privilégios atribuídos aos portugueses nascidos na Europa - prática da Coroa quando distribuía os mais importantes cargos administrativos, militares e eclesiásticos.

Como veremos a seguir, a Revolução do Porto, de 1820, e seu projeto de recolonização do Brasil retomaram com mais força - para as facções senhoriais das diversas províncias brasileiras - os problemas já defrontados pelos grandes senhores escravistas pernambucanos durante a Revolução de 1817.

Importantes grupos das elites provinciais brasileiras sonhavam com uma independência total e opunham-se a qualquer subordinação a um poder nacional. A crise da economia mineradora debilitava ainda mais as forças políticas que centralizavam o poder. Desde meados do século XVIII, o poder central encontrava-se sediado no Sudeste, que vivia verdadeira decadência econômica.

Difícil opção

Ao contrário, o Nordeste conhecia um relativo renascimento produtivo nos primeiros anos do século XIX e resistia em aceitar a autoridade e a administração quase estrangeiras do Rio de Janeiro. Eram também fortes as tendências autonomistas do Norte e do Sul. Tudo apontava para a divisão do Brasil em repúblicas organizadas a partir das principais sub-regiões coloniais.

As elites brasileiras defrontavam-se com graves problemas no fim do período colonial. Os ingleses, interessados em dominar colonialmente a África Negra, e ali mesmo explorar os africanos, exigiam a abolição do tráfico transatlântico, o que ameaçaria a economia escravista. As atividades mercantis e comerciais do Brasil eram em boa parte monopolizadas pelos lusitanos. As elites regionais se dividiam em torno de projetos independentistas, unitaristas, federalistas e separatistas.

Entretanto, pelo menos dois grandes problemas sociais angustiavam os grandes senhores brasileiros de todas as províncias: como se tornarem independentes de Portugal e como nacionalizar as atividades comerciais sem comprometer a organização social escravista.

A revolução negra do Haiti e a desordem da economia escravista dos Estados hispano-americanos eram avisos premonitórios. Os senhores brasileiros sabiam que choques entre tropas brasileiras e portuguesas ou uma profunda divisão entre as próprias elites provinciais colocariam em perigo a necessária submissão dos trabalhadores escravizados e dificultariam a defesa da manutenção do tráfico negreiro internacional.

Um estado generalizado de guerra facilitaria fugas e *aquilombamentos* maciços de cativos, como já ocorrera no período das invasões holandesas. Em caso de uma situação de beligerância geral, os trabalhadores escravizados seriam alistados pelas facções senhoriais em luta, para fortalecerem suas tropas, como ocorrera e ainda ocorria nas colônias espanholas. A economia escravista certamente se comprometeria.

Os grandes proprietários e comerciantes de escravos sabiam que, se o Brasil se dividisse em diversas repúblicas, seria difícil manter a escravidão nas repúblicas onde o escravismo se mostrasse economicamente produtivo. Os Estados que abolissem a escravidão acolheriam como cidadãos livres os cativos fugidos, como assim ocorria nas Guianas e nas possessões hispano-americanas. Ainda mais, o preço dos trabalhadores escravizados cresceria significativamente.

Soluções para a Independência

Os pequenos Estados escravistas que surgissem da divisão do Brasil dificilmente conseguiriam opor-se ao abolicionismo britânico do comércio negreiro. John Armitage, comerciante inglês que chegou ao Brasil aos 21 anos em 1828 e escreveu uma perspicaz *História do Brasil*, registrou o medo das elites ao escrever sobre a Independência:

Quaisquer tentativas prematuras para o estabelecimento da república teriam sido seguidas de uma guerra sanguinolenta e duradoura, na qual a parte escrava da população teria pegado em armas, e a desordem e a destruição teriam assolado a mais bela porção da América Meridional.

O Estado monárquico, autoritário e centralizador que surgiu da ruptura do Brasil com Portugal foi criatura da escravidão. Teve como parteiro, nos momentos da definitiva ruptura com a metrópole, os interesses dos grandes negreiros e escravistas. A Independência deu-se sob a batuta cautelosa e conservadora dos grandes senhores de escravos de todas as províncias. Os ideários republicanos, separatista ou federalista, de importantes grupos senhoriais regionais não-hegemônicos foram reprimidos em prol da segurança e da perpetuação da produção escravista.

A solução encontrada para a independência do Brasil foi a mais conservadora possível. "Na sua quase unanimidade - lembra Octávio Tarquínio de Sousa -, os brasileiros de então não tiveram escrúpulo em eleger chefe da sua revolução libertadora o regente do Brasil, o príncipe português e herdeiro do trono luso".

Os senhores brasileiros rompiam com Portugal, mas entronizavam o herdeiro da coroa portuguesa. Cortavam as amarras econômicas com a velha metrópole, mas asseguravam os interesses lusitanos no Brasil. Rechaçavam o absolutismo da Casa dos Bragança, mas colocavam à cabeça do Novo Império um dos seus mais autoritários filhos. Apenas a intransigência das Cortes lusitanas impediram uma solução ainda mais tímida: a monarquia dual, ou seja, duas nações - Brasil e Portugal - com duas constituições e um mesmo Estado imperial.

Entretanto, a aliança construída em torno de dom Pedro pelos grandes escravistas nacionais, associados aos interesses lusitanos que permaneceram no Brasil após 1822, logo entraria em crise, mostrando todas as contradições dos acordos que levaram à Independência.

Vejamos, com mais vagar, a conjuntura política e social que antecedeu o movimento de emancipação do Brasil.

Capítulo 1

O Fim do Período Colonial

A crise colonial, a vinda da Família Real ao Brasil e a Revolução Pernambucana

Era crítica a situação da colônia no início do século XIX. Em Minas Gerais, a produção agropastoril, voltada sobretudo para o abastecimento do Rio de Janeiro, tendia a substituir a rica economia mineradora que entrara em decadência em fins do século XVIII. Exagerando nas cores, o historiador Oliveira Martins escreveu, referindo-se ao início do século XIX:

> (...) Minas Gerais apresentava o aspecto de uma ruína (...) jazidas cada vez menos produtivas (...) vilas, isoladas (...), escondidas em desvios difíceis de serras bravias, definhavam. (...) Os vizinhos da outrora opulenta Vila Rica miravam-se nas ruínas da antiga prosperidade. Mendigos habitavam em palácios carunchados.

Em um contexto colonial difícil, ajudado pela crise da ilha açucareira de Saint-Domingues (futuro Haiti), determinada pela guerra social dos escravos contra seus senhores, o açúcar nordestino tornara-se novamente, sem o antigo brilho, a primeira riqueza da colônia. Algodão, fumo, arroz, couros, carnes salgadas eram produtos de pouca expressão econômica produzidos no Brasil.

Durante o século XVIII, o caráter parasitário do regime colonial não cessara de agravar-se. À medida que crescia a dependência de Portugal à colônia, crescia também o grau de subordinação do Brasil a Lisboa. Todo o *export-import* brasileiro passava por Portugal. O Brasil não possuía Universidades. Proibira-se a introdução da imprensa no país. A importação dos livros era controlada. As equipagens e os passageiros estrangeiros eram escoltados quando visitavam os portos. Os estudiosos não podiam percorrer o interior da colônia. Um alvará de 1785, da rainha Maria I, proibira "as fábricas, manufaturas ou teares" de produzirem qualquer tipo de tecido, à exceção dos grosseiros panos de algodão com os quais se vestiam os escravos e ensacavam-se os produtos coloniais.

O Brasil era uma atrasada colônia de uma das mais atrasadas nações européias. Possuía uma população de aproximadamente 3,6 milhões de habitantes constituída, em sua maior parte, de negros e mestiços que viviam na miséria ou muito próximo dela. Apesar da crise da economia escravista, trabalhavam nos campos e nas cidades brasileiras cerca de 1,5 milhão de cativos. Os mais importantes portos da costa eram centros urbanos medíocres, atulhados de mendigos brancos e negros, de ruas mal traçadas, sujas e raramente calçadas.

As elites coloniais eram profundamente incultas. Uma multidão de senhores e senhoras assinava de cruz. Em Salvador, então a maior cidade das Américas, as senhoras mais ricas viviam encerradas nas alcovas dos casarões, sob os olhos vigilantes e ciumentos de pais e maridos. Saíam às ruas raramente, cercadas por escravas negras, para alguma missa ou festa religiosa.

A disputa anglo-francesa modificaria a sorte do Brasil. Havia muito, Portugal atrelara-se econômica e diplomaticamente à Inglaterra, de onde importava a maior parte dos manufaturados consumidos no Reino e exportados para as colônias. A vitória da esquadra inglesa, sob as ordens do almirante Nélson na batalha de Trafalgar, em 1805, assegurara a hegemonia britânica sobre os mares e o *bloqueio marítimo* da França. A resposta da França napoleônica foi o Bloqueio Continental, decidido em 1806. Os franceses simplesmente fechavam os portos europeus para os navios e os produtos ingleses. Assim, os franceses tentavam reservar o mercado europeu de produtos manufaturados e obrigar a Inglaterra a uma paz conforme suas exigências.

Saltando nos dois pés

Em 1793, a Coroa lusitana havia participado ativamente da primeira coalizão contra a República Francesa, em sua fase plebéia e revolucionária. Nessa época, os liberais portugueses viam, com grande esperança, a Revolução Francesa. Em 1796, após a burguesia conservadora ter se apoderado das rédeas do governo e reprimido as massas populares – Termidor –, o que punha fim à ameaça revolucionária, Portugal abandonara a coalizão e mantivera uma difícil neutralidade diante do confronto anglo-francês. Com a intensificação do conflito, ingleses e franceses exigiram que Portugal se definisse. Uma decisão problemática: optar pela França significava perder o Brasil para a Inglaterra, que certamente apoiaria movimentos independentistas na Colônia. Unir-se aos ingleses representava selar a invasão de Portugal pelas tropas franco-espanholas.

Portugal tentou continuar saltando nos dois pés. Em 1807, Napoleão Bonaparte ordenou a ocupação e o desmembramento do reino português. Sem saída, Lisboa tratou secretamente com os ingleses o apoio naval para a transferência da Família Real e de parte da nobreza ao Brasil. Os ingleses apoiavam resolutamente essa transferência. Tal medida assegurava as melhores condições para a continuação de seu comércio com o Brasil, agora sem a intermediação de Lisboa.

A mudança e o refúgio dos portugueses na colônia americana era uma idéia antiga. Em *Diálogos das Grandezas do Brasil*, de 1618, o autor refere-se à profecia feita por um astrólogo ao rei dom Manuel, *o Venturoso*, de que o Brasil um dia serviria "de refúgio e abrigo da gente portuguesa". A aristocracia portuguesa tinha consciência de viver sobretudo das rendas brasileiras e de que o sistema colonial encontrava-se em crise.

A historiadora Maria de Lourdes Viana Lyra, em *A Utopia do Poderoso Império*, lembra que os setores mais precavidos da administração real - os reformistas ilustrados -, procurando antecipar-se à independência da colônia, propunham a criação de um novo relacionamento entre Portugal e o Brasil que permitisse, no seio de um império português reconstruído, a "emancipação" do Brasil, sem que Portugal perdesse seu caráter de centro e coração europeu e mercantil do mundo português. De certa forma, essa política já fora impulsionada pelo Marquês de Pombal. A transferência da Coroa lusitana para o Brasil pode ser vista como uma desesperada tentativa de prevenir um eventual movimento emancipacionista da colônia.

Antes de se transferir ao Brasil, dom João lançou um patético manifesto, em 26 de novembro de 1807, em que afirmava:

> Tendo procurado, por todos os meios possíveis, conservar a neutralidade (...) vejo que pelo interior do meu Reino marcham tropas do imperador dos franceses (...) querendo eu evitar as funestas conseqüências (...) que se dirigem muito particularmente contra minha real pessoa e que meus leais vassalos serão menos inquietados, ausentando-me eu deste Reino.

Na manhã de 29 de novembro, partiam do rio Tejo, sob a escolta inglesa, oito naus, quatro fragatas, três brigues, uma escuna e outras embarcações. Dez mil pessoas carregando o que podiam levar - móveis, objetos de arte, louçaria, livros, arquivos... À cabeça da migração estavam o príncipe regente dom João; dona Maria Carlota, sua espanhola e - em todos os sentidos - não muito fiel esposa; dona Maria I, a rainha enlouquecida. Esse foi o único caso moderno de transmigração de grande parte do segmento superior de uma classe dominante.

Debandada real

Portugal foi abandonado a frágeis e mal aparelhadas tropas invasoras que jamais conseguiram apoderar-se totalmente do país. Uma resoluta resistência de dom João e dos exércitos lusitanos teria posto fim rapidamente à invasão. No momento da partida, dom João ordenou aos governadores que nomeara que muito bem recebessem, aquartelassem e assistissem os franceses que vinham chegando. Para muitos liberais, os soldados de Napoleão entravam em Portugal como libertadores. Nesse sentido, a família real escapava das tropas francesas e sobretudo da revolução burguesa que estremecia a Europa desde 1789. A coroa e a aristocracia lusitana temiam que os liberais portugueses fizessem o mesmo que o Terceiro Estado fizera na França. Após uma parada em Salvador da Bahia, o comboio real chegou meio desgarrado na cidade do Rio de Janeiro, a 7 de março de 1808.

A transferência da Família Real para o Novo Mundo não constituiu apenas uma fuga diante das tropas invasoras e do liberalismo europeu. Como vimos, migrando para o Brasil, a aristocracia lusitana *fazia da necessidade, virtude*, e transferia a sede da administração real para a "melhor parte" do império lusitano. Em uma das mais olímpicas demonstrações de absoluta falta de raízes e sentimentos nacionais, a grande aristocracia preferia expatriar-se para melhor defender seus privilégios sociais e econômicos. Ao chegar ao Rio de Janeiro, o príncipe regente dom João teria dito ao representante do governo inglês que considerava "muito pouco provável" seu retorno a Lisboa.

Enfim, a transferência para o Brasil do aparato estatal lusitano significou o fim do regime colonial. A colônia passava a ser a principal base territorial do Estado absolutista lusitano. Teria que adaptá-la à situação de sede do Império, ainda que ele se reduzisse ao Brasil e a algumas pobres possessões na África, Índia e Ásia. Recém-chegada ao Brasil, a administração começou a tomar uma série de medidas que, nos fatos, encerrava com a situação de dependência colonial a que o Brasil estivera submetido desde sua descoberta.

Esse importante passo dava-se sem nenhuma convulsão social ou política, a não ser o desagrado dos proprietários das melhores casas do Rio de Janeiro, que foram obrigados a sair de suas residências para que os nobres lusitanos tivessem onde morar. Entretanto, a transferência da sede do aparato administrativo lusitano para o Rio de Janeiro constituía sobretudo um fortíssimo golpe no grupo mercantil português, que ficava definitivamente privado do exclusivismo comercial com o Brasil. Os comerciantes das cidades marítimas portuguesas não mais lucrariam com a intermediação parasitária da importação e exportação da colônia americana.

Em 28 de janeiro de 1808, decretou-se a liberdade comercial e os portos brasileiros foram oficialmente abertos às "nações amigas", que passavam a pagar, como taxa alfandegária, 24% do valor das mercadorias introduzidas no Brasil (em 1810, fixou-se 15% para as mercadorias inglesas e 16% para as portuguesas). A Inglaterra, os Estados Unidos e, mais tarde, a França foram as nações que mais lucraram com o fim do exclusivismo comercial. A burguesia mercantil lusitana ressentiu-se gravemente da medida. Em 1807, haviam aportado no Rio de Janeiro 90 navios. No ano seguinte, ali chegaram 420. Em 1818, mais de 2 mil barcos fundearam diante de Salvador. Os portos brasileiros passavam a ter maior importância do que os portos portugueses para o comércio britânico. Compreende-se por que a coroa lusitana abandonara Portugal, sem grandes problemas de consciência.

Liberdade manufatureira e industrial. Um Banco do Brasil; uma Casa da Moeda, uma Impressão Régia; Escola Real das Ciências, Artes e Ofícios; a abertura do país aos visitantes estrangeiros; o direito de os estrangeiros possuírem terras no Brasil; o apoio à imigração de colonos do Velho Mundo; uma Academia Militar; a abertura ao público da rica Biblioteca Real com 60 mil volumes; Tribunais Superiores de Justiça e Finança; fábricas e arsenais; um Jardim Botânico: essas foram algumas das medidas tomadas após a chegada da Corte à colônia. O Brasil passava do *status* colonial ao de nação independente; as decisões políticas e econômicas eram agora tomadas nos limites de suas fronteiras onde residiam, por vontade própria ou obrigados, os segmentos fundamentais das classes dominantes e senhoriais.

Contradições profundas

No Brasil, os principais privilegiados pela nova ordem de coisas foram os grandes senhores de escravos, sobretudo os que se dedicavam à produção de açúcar e de algodão. Esses últimos produtos sofriam, devido à situação internacional, uma valorização transitória. Em 1815, avançando o projeto da construção de um novo império lusitano, o Brasil foi promovido a Reino Unido ao de Portugal e Algarve, passando as principais capitanias à situação de províncias. Tal medida sancionava a total "emancipação" do Brasil. A definitiva derrota de Napoleão e a restauração do poder da casa de Bragança sobre Portugal não modificava o *status* recém-conquistado da ex-colônia. Apesar dos insistentes protestos que chegavam do Reino, dom João, a família real e a corte não se decidiam a voltar para a Europa.

Entretanto, o novo *status* político do país continuava escondendo profundas contradições. A Coroa luso-brasileira mantinha seu caráter parasitário e absolutista. As províncias do novo reino eram administradas por governadores nomeados autocraticamente pela Corte (capitães-generais). Os brasileiros natos eram discriminados e os portugueses privilegiados no preenchimento dos cargos administrativos, sobretudo os militares. Para as províncias do Norte, do Sul e principalmente do Nordeste, o regime colonial não terminara. A Corte, instalada no Rio de Janeiro, centralizava todas as decisões políticas; os impostos percebidos em todo o país ali eram gastos.

O comerciante inglês João Armitage em sua *História do Brasil* lembrava:

> A maior latitude do comércio produziu também mais ampla notícia do que se passava em outros países, e daí se seguiu muito descontentamento com o governo, especialmente nas províncias do Norte, que estavam ainda sujeitas a uma pesada quota de encargos, ao mesmo tempo que, comparativamente com a capital, colhiam muito menos vantagens do que a esta derivava com a chegada da Família Real.

O neocolonialismo do Sudeste, que se comportava com o resto do Brasil como se fosse uma metrópole, tornava-se ainda mais odioso para as elites nordestinas diante do fortalecimento conjuntural da economia açucareira e algodoeira nordestina e da queda da produção mineradora.

Em 6 de março de 1817, explodia em Pernambuco uma rebelião que se apoderou rapidamente da província. O movimento recebeu a imediata adesão das províncias da Paraíba e do Rio Grande do Norte, regiões dependentes econômica e geograficamente de Pernambuco. Era o primeiro de uma série de movimentos liberais regionais que, nas três décadas seguintes, mesmo após a ruptura do Brasil com Portugal, almejariam, sem sucesso, a independência ou a autonomia federativa contra o centralismo absolutista do Sudeste. Alguns desses movimentos, com a adesão de segmentos pobres e escravizados, transformaram-se nas mais importantes lutas sociais da história do Brasil.

O comerciante francês F. de Tollenare, que vivia em Recife em 1817, enumerou os principais grupos sociais de Pernambuco. No campo, tínhamos os "senhores de engenho", os "lavradores" (arrendatários e pequenos escravistas) e os "moradores". Estes últimos viviam de *favor* nos latifúndios onde praticavam uma economia de subsistência. Deviam serviços, foros e subordinação aos senhores. Constituíam uma classe marginal com baixo nível de consciência. Nas cidades, vilas e aglomerações viviam os comerciantes, os plantadores e uma raquítica *classe média*.

Na base da pirâmide social pernambucana estavam os trabalhadores escravizados e os segmentos sociais livres denominados na época de *ralé* ou *populaça*. Essa população, em geral mestiça, vegetava em uma situação de miséria próxima à conhecida pelos cativos. Era reduzida a classe dos artífices livres que viviam do próprio trabalho. A massa produtiva das cidades e dos campos era formada por trabalhadores escravizados. Cativos e senhores constituíam as duas grandes classes sociais da província de Pernambuco.

Banho de sangue

Os chefes da Revolução Pernambucana provinham dos frustrados segmentos médios da sociedade de então - funcionários, profissionais liberais, clero, militares - e inspiravam-se na Revolução Francesa e na Independência dos Estados

Unidos. O movimento pretendia a autonomia de Pernambuco e a construção de uma federação das províncias nordestinas. A separação do Nordeste da distante Corte do Rio de Janeiro era bem vista pelos grandes escravistas. Produzindo regionalmente os bens que vendiam no exterior, eles almejavam o pleno senhorio político de regiões que dominavam economicamente.

Apesar dos revolucionários procurarem atrair os ricos plantadores, após uma certa indecisão inicial, eles opuseram-se aos republicanos. No Crato, na Paraíba, no Rio Grande do Norte e no próprio Pernambuco, os grandes senhores, em sua maioria nascidos na colônia, não esperaram a chegada das tropas reais para se oporem militarmente aos rebeldes.

Com a liberdade do comércio, os produtos nordestinos eram vendidos mais caros e os estrangeiros comprados mais baratos. Apesar do governo absolutista, os grandes senhores detinham uma parte significativa do poder político e social efetivo. Nas fronteiras de suas fazendas, eram verdadeiros monarcas. Em 1817, a principal preocupação dos plantadores era a defesa do escravismo. Sem africanos escravizados entrando pelos portos para trabalharem nas plantações não haveria economia servil. E ela encontrava-se em perigo. Por um lado, os ingleses pressionavam pelo fim do tráfico transatlântico; por outro, crescia o sempre presente perigo de revoltas dos escravos. No Haiti, vencera a revolução negra de Toussaint Louverture (1743-1803). Salvador da Bahia também conhecera, quatro anos antes, uma violenta insurreição de escravos.

Choques entre tropas reais e pernambucanas desorganizariam a produção servil. Cativos seriam alforriados e armados para lutar por um ou outro *partido*, o que efetivamente aconteceu nos momentos finais da revolta. Uma situação de conflito generalizado facilitaria a fuga e o *aquilombamento* maciço de escravos – como ocorrera durante a guerra contra os holandeses. A ameaça servil e a possibilidade da abolição do tráfico inibiam as tendências liberais e autonomistas dos senhores pernambucanos. Em 1817, eles preferiram curvar-se diante do absolutismo e do centralismo do Sudeste, como o fizeram em 1822 e 1824, a colocar em perigo a ordem negreira.

De costas voltadas para as massas escravizadas e sem o apoio dos grandes senhores, os revolucionários pernambucanos foram facilmente derrotados em terra enquanto uma esquadra bloqueava o Recife. A repressão que se seguiu foi duríssima e bestial. Os chefes revolucionários foram enforcados e tiveram as "cabeças e mãos decepadas" e expostas, na pontas de chuços, em várias povoações de Pernambuco. Seus corpos foram "arrastados por cavalos, até os cemitérios". Os cativos, libertados e alistados nas tropas republicanas, foram chicoteados e reescravizados.

A própria província de Pernambuco foi castigada. Perdeu seus territórios meridionais para a nova Capitania Real das Alagoas e parte de seus privilégios alfandegários foram suprimidos. A derrota da revolta pernambucana de 1817 teria importantes conseqüências, cinco anos mais tarde, com a luta pela definitiva Independência do Brasil.

Capítulo 2

Portugal Tenta Recolonizar o Brasil

A Revolução do Porto e seu projeto de recolonização do Brasil; dom Pedro regente

Apesar de uma relativa melhoria no último quartel do século XVIII, Portugal vivia uma difícil conjuntura no final dos anos 20 do novo século. Ainda que os franceses não pisassem o país havia dez anos, os ingleses mantinham-se no comando de um exército de cem mil portugueses, que consumia a maior parte da renda pública. Com a abertura dos portos brasileiros ao comércio internacional, a navegação e o comércio lusitanos decaíram a tal ponto que um relatório governamental, de 1820, receava que desaparecesse "dos mares a bandeira portuguesa".

O Brasil também passara de fonte de ganhos a consumidor da renda portuguesa. Nobres lusitanos gastavam sua riqueza no Brasil; reclamavam que muitos despachos e recursos procediam-se, a milhares de quilômetros, no Rio de Janeiro. Em Lisboa, uma Junta de Governadores tentava, em nome de dom João VI, sem muita imaginação e energia, opor-se ao nepotismo britânico, à crise econômica, ao crescente prestígio das idéias liberais.

Em agosto de 1820, um grupo de burgueses da cidade do Porto, associado a oficiais das guarnições do Norte, promoveu um pronunciamento militar constitucionalista que, em poucas semanas, conquistou o apoio entusiástico do país. Em janeiro de 1821, as Cortes (assembléia constituinte) convocadas pelo governo provisório reuniram-se e iniciaram a discussão da Carta Constitucional. As Cortes feudais lusitanas haviam se reunido pela última vez em 1698, ano em que para muitos historiadores se iniciaria o período absolutista português. Após essa data, o abundante ouro do Brasil permitira que as elites feudais portuguesas governassem sem fazer concessões aos segmentos burgueses e plebeus. Para a população do Reino, era como se o Estado constitucional anunciasse o fim da situação de decadência geral e a volta aos bons tempos em que chegavam as frotas abarrotadas com o ouro brasileiro.

Em relação a Portugal, as Cortes não podiam ser mais liberais. A nova Constituição garantia a soberania da nação, delimitava os poderes do soberano, dissolvia a Inquisição, abria os empregos públicos à cidadania, impunha a liberdade de imprensa, terminava com os privilégios eclesiásticos, assegurava os direitos individuais e de propriedade. Entretanto, Portugal era apenas uma nação agrícola atrasada. O passado de esplendor devia-se à exploração parasitária das colônias, em geral, e do Brasil, em especial. O liberalismo português, no que se refere ao Brasil, assumia um caráter recolonizador. A Independência seria para Portugal, não para o Brasil.

Retorno aos velhos e bons tempos

A Corte expressava sobretudo as reivindicações da burguesia mercantil lusitana, que comandava o movimento liberal. Nesse sentido, elas constituíam uma reação à ação da monarquia que se mudara para o Rio de Janeiro, a fim de assegurar, mesmo em detrimento do comércio português, o controle da mais rica parte do Império - o Brasil. A justificativa para a recolonização foi a mesma usada, até há poucos anos, para a manutenção das colônias africanas. Segundo os liberais portugueses, os territórios brasileiros constituiriam simples parcelas ultramarinas do Reino de Portugal. Seriam apenas territórios lusitanos no além-mar. Segundo a Corte, o comércio entre o Brasil e Portugal (tráfico entre regiões de uma mesma nação) deveria ser feito, novamente, apenas por "navios nacionais de construção e propriedade portuguesa".

Pretendia-se acabar com a unidade administrativa do Brasil e ligar *as províncias brasileiras*, uma por uma, a Portugal. Terminava o sonho da *ilustração portuguesa,* de um novo império lusitano e de um novo pacto atlântico. Tudo devia voltar a passar e a ser tratado pelo e no Reino. A historiadora Emília Viotti da Costa lembra:

> Antes que os representantes brasileiros tivessem tido tempo de chegar a Lisboa, já as Cortes decidiam transferir para Portugal o Desembargo do Paço, a Mesa de Consciência e Ordens, o Conselho da Fazenda, a Junta de Comércio, a Casa de Suplicação e outras repartições instaladas no país por dom João VI.

Nas Cortes, 130 deputados representariam as províncias portuguesas e apenas 75, as brasileiras.

A notícia da Revolução foi bem recebida nos principais centros urbanos brasileiros. As classes mercantis lusitanas simpatizavam com a proposta de recolonização, implícita nos primeiros pronunciamentos constitucionalistas. A grande maioria dos *homens bons* brasileiros apoiava o ideário liberal e antiabsolutista das Cortes e manteve-se, nos primeiros momentos, em uma relativa inatividade política. Como decorrência dos sucessos do Porto, deflagraram-se movimentos constitucionalistas e formaram-se Juntas Governativas no Pará, em 1º de janeiro, e na Bahia, em 10 de fevereiro de 1821. Estes novos governos independentizaram-se da província do Rio de Janeiro e ligaram-se diretamente às Cortes. Em Pernambuco, fortemente guarnecido desde 1817, as tropas realistas, sob as ordens de dom João VI, abafaram a adesão à Revolução. No Brasil, o fim da unidade administrativa brasileira foi a primeira grande conseqüência da Revolução do Porto.

Chegavam ao Rio de Janeiro insistentes ordens das Cortes para que dom João voltasse ao Reino. O angustiado e indeciso soberano procurava deliberar com seu ministério medidas que desarmassem o movimento constitucionalista ou, ao menos, impedissem que incendiasse o Brasil. Entretanto, nada faziam de concreto. Chegou-se a preparar o embarque de dom Pedro, primogênito e herdeiro de dom João VI, para Portugal: porém, o pai temia a partida do filho. Quando o ministro inglês apoiou a medida, respondeu-lhe: "Bem está. Mas se o povo o aclamar Rei à chegada?"

Em 26 de janeiro, soldados, padres, comerciantes e funcionários portugueses, temendo que dom João outorgasse uma Constituição ao Brasil, promoveram um pronunciamento que arrancou do soberano e de seu herdeiro um juramento público de submissão à futura Constituição, que seria elaborada em Portugal, e a entrada no governo de pessoas comprometidas com a Revolução do Porto. Existem indícios de que dom Pedro tivesse ao menos conhecimento da conspiração. Após o movimento, seu desconfiado pai viu-se obrigado a associá-lo ao governo. Os brasileiros das cidades mantiveram-se à margem dos acontecimentos e a população rural livre respondeu apaticamente a sucessos cujo sentido mal compreendia.

Vencido pelos acontecimentos, dom João decidiu partir. Como a Casa Reinante portuguesa temia que, com a volta do soberano, o Brasil escapasse das mãos lusitanas, em 7 de março, o soberano nomeou dom Pedro chefe do "governo provisório do Brasil". Relutante, dom João embarcou no dia 24 e partiu no dia 26 abril de 1821 do Rio de Janeiro em direção a um Reino convulsionado, onde temia sofrer a mesma sorte de Luís XVI. O soberano levava com ele o que pudera arrancar do Tesouro brasileiro - 200 milhões de cruzados - e seus 4.000 acompanhantes haviam trocado no Banco do Brasil o desvalorizado papel-moeda por metais preciosos. As finanças brasileiras ficavam literalmente *quebradas* com a liberalidade determinada por dom João, para si e seus associados.

Livrando-se do pai

No porto, o regente mal escondia a alegria de ver a embarcação paterna perder-se no horizonte. Dom Pedro, então com 23 anos, decidira-se e conseguira abocanhar uma parcela do poder real sem esperar pela morte do pai. Cinco dias antes, em 21 de abril, precipitara a partida de dom João dissolvendo à força uma assembléia dos eleitores paroquiais (com três mortos e 20 feridos) que reivindicava a formação de uma Junta Governativa dependente das Cortes, o que poria fim ao seu governo. É crível que dom João, ao convocar a assembléia, esperasse que os eleitores se pronunciassem contra sua partida e em favor da de seu filho.

O herdeiro dom Pedro, que se destacava pela pouca educação e instrução - não conseguia escrever corretamente sua língua materna -, encontrava-se no mando da mais rica parcela do Império português: o Reino do Brasil. Logo, porém, ele veria sua autoridade primeiro restringida e depois ameaçada de todo.

A permanência de dom Pedro comprometia o projeto recolonizador lusitano. No mesmo dia do embarque de dom

João, as Cortes declaravam, em Portugal, os "Governos Provinciais" brasileiros independentes e sujeitos apenas a Lisboa. Antes que a decisão fosse conhecida no Brasil, as juntas do Pará, da Bahia e do Maranhão, onde era forte a presença portuguesa, submetiam-se às Cortes. As províncias de São Paulo, Minas, Rio Grande do Sul etc., aproveitando o conflito de autoridade, governavam-se como se independentes fossem. Dom Pedro via o poder escapar-lhe das mãos. Em julho de 1821, decidido a voltar ao Reino, escrevia desgostoso ao pai: "(...) hoje sou capitão-general, porque governo só a província (do Rio de Janeiro)." O saque do Tesouro, perpetrado com a partida de dom João, e a interrupção das remessas provinciais reduziam-no à penúria e obrigavam-no a contar apenas com as rendas da província do Rio de Janeiro.

Após a partida do soberano, dom Pedro dedicou-se a consolidar sua posição e a reaproximar-se das forças constitucionalistas, desgostosas com os acontecimentos do dia 21 de abril. Para tal, prometeu antecipar os benefícios da Constituição: aboliu taxas, instituiu regras sobre o respeito do direito de propriedade e de liberdade individual. As classes comerciais e a guarnição militar portuguesa (Divisão Auxiliadora) tentavam, entretanto, pôr a província do Rio de Janeiro sob o mando de uma Junta Governativa dependente de Lisboa, o que daria o golpe de graça na autonomia administrativa brasileira. A tentativa do regente de postergar o juramento às bases da Constituição portuguesa foi o pretexto para um pronunciamento da Divisão Auxiliadora, em 5 de julho de 1821.

Sem alternativa, dom Pedro submeteu-se aos militares lusitanos, demitiu seu ministério, aceitou a formação de uma Junta. Com o poder sobre o Rio de Janeiro a fugir-lhe das mãos, a regência tornava-se uma paródia. Desgostoso com a situação, o jovem príncipe pensava em retornar a Portugal. Tudo levava a crer que as Cortes lusitanas haviam vencido.

As vitórias do projeto recolonizador português eram superficiais. Com o passar dos meses, as elites brasileiras politizavam-se, organizavam-se, perdiam as esperanças que haviam depositado no constitucionalismo das Cortes. Em setembro de 1821, a cidade do Rio de Janeiro viu-se agitada por um forte movimento em prol da coroação de dom Pedro como soberano do Brasil. Apesar de ter escrito ao pai protestando absoluta fidelidade, parece certo que o regente manteve contatos com uma conspiração que pecava por debilidade e desorganização.

As próprias Cortes acenderam o estopim da Independência brasileira. Seus decretos e instruções, de setembro de 1821, foram conhecidos no Brasil em 9 de dezembro, com a chegada ao Rio de Janeiro de dom Sebastião. O governo brasileiro era extinto e substituído por juntas provinciais dependentes de Portugal. Magistrados, administradores da Fazenda e governadores das Armas das "províncias brasileiras" seriam nomeados e dependeriam de Lisboa. Punha-se fim à autonomia brasileira e ao próprio Reino do Brasil. Dom Pedro partiria para Lisboa de onde viajaria, incógnito, pela Espanha, França e Inglaterra, a fim de "obter aqueles conhecimentos que se fazem necessários, para um dia ocupar dignamente o Trono Português". Diante do ultimato, fortaleceu-se significativamente a proposta de realizar a Independência do Brasil levando ao trono o herdeiro português.

Capítulo 3

Independência dos Escravistas

Os *partidos* da Independência, a vitória de dom Pedro e a ruptura com Portugal

Para muitos historiadores, a unidade nacional brasileira constituiria um quase mistério. A historiografia nacional encontra dificuldade em explicar quais as causas que levaram as colônias espanholas a se dividirem em diversas repúblicas e a ex-colônia portuguesa a formar um Estado centralizado e unitário. Razões muito antigas pareciam apontar contra tal solução. A monocultura escravista foi a principal unidade econômica do mundo colonial brasileiro. Açúcar, algodão, arroz, minérios, couros, produzidos regionalmente, eram exportados para Portugal e dali para a Europa através dos principais portos da costa. De Portugal, chegavam os manufaturados europeus. O tráfico negreiro garantia a reprodução dos trabalhadores escravizados destruídos na produção. Após 1808, as províncias brasileiras comercializavam diretamente com a Europa.

Esse padrão agroexportador criava fraca comunidade de interesse entre as partes da colônia. Já assinalamos que, por motivos econômicos e geográficos, o Brasil era uma espécie de mosaico de regiões produtivas semi-autônomas, onde as elites regionais possuíam um grande poder. A dependência em relação a Portugal e a uma mesma administração dessas colônias permitia uma impressão de unidade. Parte das oligarquias regionais almejava independentizar-se e manter relações diretas com o Velho Mundo.

No fim da segunda década do século XIX, durante a crise do sistema colonial, as elites regionais brasileiras defrontavam-se com importantes questões. Era necessário independentizar-se de Portugal, pôr fim ao semimonopólio lusitano das atividades comerciais, resistir às pressões inglesas pelo fim do tráfico negreiro. Em relação às alternativas políticas, as classes senhoriais brasileiras dividiam-se em torno de soluções monarquistas autoritárias, monarquistas constitucionalistas, republicanas, federalistas, separatistas. A grande preocupação dos proprietários de terras e de homens era atravessar essa importante conjuntura política sem pôr em perigo a organização social escravista sobre a qual se assentavam a economia e a sociedade de então. Durante a crise do Estado colonial luso-brasileiro, as elites senhoriais das diversas regiões do Brasil preocupavam-se com a sorte da produção escravista e do tráfico negreiro. Era-lhes imprescindível ultrapassar esses difíceis momentos sem desorganizar a base da organização social e econômica do Brasil.

Filho da escravidão

O Estado monárquico, autoritário e centralizado brasileiro foi filho da escravidão. A Independência do Brasil deu-se sobretudo segundo as necessidades dos interesses negreiros e escravistas nacionais. Grande importância nesse processo teve a rica classe dos comerciantes de cativos, sobretudo a sediada no Rio de Janeiro. O ideário republicano, separatista e federalista de setores sociais envolvidos na luta pela Independência foram sacrificados em prol da ordem escravista. Como vimos, a solução não poderia ter sido mais conservadora: rompeu-se com Portugal e colocou-se no trono brasileiro o herdeiro da coroa lusitana.

A Revolução do Porto e as Cortes esfacelaram a unidade administrativa brasileira, esperando, dessa maneira, colonizar ao menos uma parte do Brasil. Entretanto, o projeto de recolonização foi derrotado e o Brasil surgiu, dessa conjuntura, como um Estado centralizado.

A solução vitoriosa construiu-se a partir da adesão, em setembro de 1821, das principais facções proprietárias crioulas do Sudeste ao projeto unitarista, centralizador, conservador e constitucionalista articulado em torno do príncipe-regente dom Pedro. A vitória final do unitarismo foi conquistada com o apoio ou com a submissão dos grupos senhoriais brasileiros divergentes. Muito contribuiu a essa solução a derrota, em 1817, dos republicanos e separatistas pernambucanos, o que enfraqueceu o projeto nordestino autonomista e liberal.

Eram três as grandes correntes políticas da época. A primeira, formada por comerciantes, militares e funcionários portugueses estabelecidos no Brasil, apoiava a recolonização e o constitucionalismo lusitano. Quando esta solução mostrou-se inviável, alguns de seus membros voltaram para o Reino e outros aderiram à Independência sob a égide de dom Pedro, temendo a divisão do Brasil em diversas repúblicas, o que seria fatal para os interesses lusitanos no país. O segundo e maior *partido* era formado pelos plantadores e comerciantes escravistas, pelos altos funcionários e pelos comerciantes ligados ao ingleses e franceses. Essas facções senhoriais, mesmo quando simpáticas a soluções separatistas e federalistas, aderiram à luta por uma independência ordeira e pela monarquia dual, se possível. Os grandes comerciantes de cativos desempenharam um papel significativo nessa proposta unitarista e conservadora. Finalmente, o *partido republicano* reunia os raquíticos setores urbanos médios - militares, clérigos, jornalistas, dentistas, ourives - favoráveis às soluções liberais e a uma independência nos moldes da norte-americana. A convocação de uma Constituinte por dom Pedro, em 1822, transferiu para mais tarde a discussão sobre o caráter do novo Estado. A convergência das duas últimas facções políticas conformou *o partido brasileiro* que só aparentemente possuía homogeneidade de objetivos. Todos esses três *partidos políticos* temiam a erupção na arena política e social dos segmentos subalternos - pobres livres e escravos - e eram, em um sentido moderno, profundamente *não-democráticos*.

Após a chegada de dom Sebastião, estreitaram-se os contatos entre *o partido brasileiro* e o regente. Em 9 janeiro de 1822, apoiado pelas Câmaras das províncias do Rio de Janeiro, São Paulo e Minas Gerais, dom Pedro decidiu desobedecer a Corte e permanecer no Brasil. Era o *Fico*. "Como é para bem de todos e felicidade geral da nação, diga ao povo que eu fico", diria na ocasião o herdeiro da Coroa portuguesa. A decisão apoiava-se na unificação de parte dos *partidos brasileiro* e *português* das províncias do Rio de Janeiro, São Paulo, Minas Gerais e Rio Grande do Sul em torno de dom Pedro. A Divisão Auxiliadora tentou responder à insubordinação com um pronunciamento, mas foi submetida sem combate, no dia 11 de janeiro, por tropas e milícias leais ao regente. Nada podendo fazer, a guarnição partiu para Portugal no mês seguinte, após receber três meses adiantados de soldo.

Ministro brasileiro

Em 16 de janeiro de 1822, dom Pedro nomeou o paulista José Bonifácio para a pasta dos Negócios do Interior, da Justiça e dos Estrangeiros. Um dos principais atos do novo *primeiro ministro*, em 16 de fevereiro, foi tentar reconstruir a centralização administrativa brasileira convocando um Conselho de Procuradores Gerais das províncias. Ao chamamento responderam apenas quatro províncias: Rio de Janeiro, São Paulo, Rio Grande do Sul e Minas Gerais. Em 9 de março, chegou ao Rio de Janeiro a divisão naval portuguesa que deveria escoltar o herdeiro até Portugal, mas depois de três semanas voltava de mãos vazias para o Reino. Dos seus 1.200 soldados, 900 ficaram no Brasil sob as ordens de dom Pedro. Mal partia a expedição, dom Pedro viajava para a Província de Minas Gerais, onde soube desarmar, sem violência, o *partido autonomista mineiro*. Era a primeira vez que ele abandonava a Província do Rio de Janeiro desde sua chegada ao Brasil, em 1808.

Nos meses seguintes, fortaleceu-se o apoio do *partido brasileiro* ao regente e cresceu o antagonismo do novo governo com as Cortes. Em 21 de janeiro de 1822, dom Pedro e seu ministério determinaram que nenhum decreto das Cortes fosse aplicado sem a sanção do regente. Em 17 de fevereiro, proibia-se o desembarque de tropas lusitanas no Brasil e finalmente, em 3 de junho de 1822, convocou-se uma Assembléia Constituinte e Legislativa. Entretanto, não se cortavam ainda todas as amarras nem eram queimadas todas as caravelas. Na ocasião, tentava-se resguardar a idéia de uma monarquia dual com duas sedes, dois governos, duas assembléias e uma só monarquia. Em verdade, o movimento independentista fortalecia-se principalmente nas províncias do sudeste brasileiro. Boa parte do Brasil permanecia sob as ordens de Juntas ligadas a Lisboa e controlada por tropas lusitanas.

Em agosto de 1822, chegavam ao mesmo tempo na Bahia 1.500 soldados de Portugal para reforçar a guarnição lusitana e as tropas enviadas do Rio de Janeiro para desalojar os portugueses. O confronto militar foi inevitável. Antes mesmo da declaração de Independência, iniciavam-se as hostilidades militares. Em Pernambuco, as tropas lusitanas, pressionadas pela população, abandonaram a região sem resistência. Mais uma vez os senhores pernambucanos libertavam-se sem a ajuda do poder central. Então, delegados da província foram enviados ao Rio de Janeiro para incorporarem-se ao Conselho de Representantes – tratava-se de uma adesão de peso, tendo em vista a importância econômica e a trajetória política de Pernambuco. As províncias da Bahia, Maranhão, Pará e Montevidéu permaneciam sob o comando das Cortes lusitanas.

Reconhecendo impossível a forma dual e aumentando a pressão das Cortes, dom Pedro proclamou a Independência do Brasil em 7 de setembro de 1822. Ele encontrava-se acompanhado por uma pequena comitiva às margens do arroio Ipiranga, na província de São Paulo, para onde viajara a fim de garantir o apoio dos paulistas. Em 12 de outubro, no campo de Santana, no Rio de Janeiro, declarava diante da nobreza, das autoridades municipais, das tropas e de uma grande multidão que aceitava o título de "Imperador Constitucional do Brasil". Dom Pedro rompia, portanto, com os princípios absolutistas que haviam regido, até então, os Bragança. Entretanto, prometia igualmente que juraria uma Constituição, votada pela Assembléia Constituinte e Legislativa, desde que ela "fosse digna dele e do Brasil". Os termos condicionais da promessa assinalavam, tão logo proclamada a Independência, o início da ruptura de dom Pedro com o *partido constitucionalista brasileiro.* É desnecessário dizer o que o filho de um Bragança compreendia por constituição digna dele.

Os trabalhadores escravizados desconheceram ou acompanharam apaticamente os sucessos que levaram à Independência. Temos notícias de senzalas que se agitaram inutilmente, pois a escravaria acreditava que com a ruptura dos vínculos com Portugal seria abolida também a escravidão. Entretanto, para as centenas de milhares de escravos das cidades e dos campos a vida triste e dura continuaria sem qualquer modificação. Os plantadores e grandes senhores eram vitoriosos: o Brasil emergia como nação soberana, mas as multidões de homens e mulheres cativos permaneciam na secular submissão. A Independência dera-se sem grandes sobressaltos sociais.

Capítulo 4

Autocracia Imperial de Dom Pedro

A queda dos irmãos Bonifácio, o golpe de dom Pedro e a Confederação do Equador

A aliança dos diversos grupos sociais que participaram da Independência foi de ocasião. Socialmente débeis, as facções federalistas, constitucionalistas e separatistas, que temiam o perigo lusitano e a revolta escrava, aceitaram a solução unitarista e monárquica defendida por dom Pedro e pelos grandes escravistas, desde que se desse no contexto de uma ordem liberal e constitucional. Entretanto, apenas o poder chegou às mãos de dom Pedro, o herdeiro da casa real portuguesa traiu suas promessas constitucionalistas e mostrou-se um digno filho dos Bragança: abriu hostilidades primeiro contra os liberais e, a seguir, contra os constitucionalistas conservadores.

A vontade de governar como um autocrata levou o novo imperador a assumir decisões impopulares. Primeiro, dissolveu a Assembléia Nacional Constituinte, depois, contra a vontade das elites da nova nação, envolveu-se em guerras estrangeiras e na questão dinástica portuguesa. Diante do fracasso de sua administração autoritária e após ter perdido o apoio dos grandes comerciantes e plantadores escravistas, dom Pedro I – isolado, contando apenas com o apoio de seus patrícios estabelecidos no Brasil e sem querer submeter-se a um governo constitucional – abdicou em favor de seu filho em 1831.

O rompimento de dom Pedro com as forças que garantiram a ruptura do Brasil com Portugal iniciou-se no segundo semestre de 1822. Tão logo fora proclamada a Independência, dom Pedro serviu-se de José Bonifácio e de seus irmãos para golpear os liberais, os constitucionalistas e os federalistas. Nos meses anteriores, José Bonifácio, então com 59 anos, revelara-se o melhor intérprete do jovem regente e do bloco social dos grandes proprietários e comerciantes escravistas. José Bonifácio de Andrade e Silva, apesar de nascido em São Paulo, vivera a maior parte de sua vida em Portugal, onde estabelecera sólidos vínculos com a Ilustração lusitana.

Desde fins do século XVIII, conscientes da crise do regime colonial e da iminente perda da colônia brasileira, facções ilustradas da administração e da intelectualidade lusitana propunham uma *refundação* do império lusitano, que tivesse Portugal como capital e estabelecesse um novo pacto com as possessões americanas. José Bonifácio apoiara esse projeto político e fora nomeado "conselheiro do Reino", em agosto de 1820.

Dom Pedro assistiu impassível à perseguição promovida por seu autoritário primeiro-ministro aos constitucionalistas. Em 12 de outubro de 1822, a aclamação do imperador deu-se, contra a vontade do *partido patriota*, sem que ele assumisse o compromisso de obedecer à futura Constituição. A aclamação de dom Pedro, como imperador, pela *vontade dos bra-*

sileiros, antecedia e, portanto, limitava a própria Carta Magna. Tal solução fora arrancada com a intimidação, mesmo física, dos constitucionalistas. Dias depois, o governo fechava o *Correio do Rio de Janeiro* e deportava, sem processo, o liberal João Soares Lisboa por delito de opinião.

Dignidade perigosa

No início de novembro de 1822, dom Pedro avalizou a prisão e a deportação, ordenada por José Bonifácio, dos *patriotas* que haviam tentado arrancar-lhe a promessa de submissão à ordem constitucional. Para escândalo dos liberais, a 1º de dezembro (em sua coroação), dom Pedro criou a aristocrática Ordem Imperial do Cruzeiro e jurou publicamente aceitar a Constituição, desde que ela fosse "digna" dele. Tal juramento condicional, como lembra o historiador Tarquínio de Sousa, era "contrário aos cânones do direito público, que busca na soberania popular a origem de todas as instituições políticas". O jovem imperador deixava claro que era superficial sua adesão aos princípios do constitucionalismo.

A situação precipitou-se com os trabalhos da Constituinte, convocada em julho de 1822 e inaugurada em 3 de maio de 1823. Ao abrir os trabalhos, Pedro I conclamou os 90 deputados constituintes a redigirem uma Constituição que se baseasse na "sabedoria dos séculos" e que fugisse do exemplo das constituições francesas "de 1791 e 1792". Lembrou mais uma vez a necessidade de que ela fosse "digna do Brasil e dele" e merecesse a sua "imperial aceitação".

Na ocasião, José Bonifácio apoiou servilmente a fala imperial e assegurou que não concorreria para a redação de uma Constituição "demagógica (*democrática*), mas sim monárquica" e que ele seria "o primeiro a dar ao Imperador o que realmente lhe pertencia". Afirmou que, na França, após os "horrores" nascidos da Revolução e da democracia, um

Bourbon, "excluído do trono e até execrado" pelo seu povo, teria trazido a "paz e concórdia" à nação. Nos fatos, José Bonifácio defendia que o Brasil só podia ser governado por um governo forte, centralizador e autoritário. Em sentido contrário, o padre José Custódio, um dos líderes do *partido constitucionalista*, lembrou sem papas na língua que "(...) o julgar se a Constituição que se fizer é digna do Brasil só compete a nós como representantes do povo". Em 6 de maio, a questão foi contornada e o confronto foi postergado com uma votação que prometia realizar uma Carta digna da nação, do soberano e dos deputados.

Em 21 de maio, o governo defendeu e obteve a rejeição, por 37 votos contra 17, de um projeto de anistia para os presos, processados, deportados e acusados por crimes de opinião, em sua imensa maioria constitucionalistas radicais e republicanos. Durante os meses seguintes, José Bonifácio dirigiu o governo e orientou os trabalhos parlamentares, como fizera anteriormente de modo autoritário e despótico, arrancando dos deputados que a Constituição entregasse ao imperador o poder de nomear e demitir os ministros de Estado e os presidentes das províncias. Entretanto, havia meses que se conjuravam as forças que levariam o ministro paulista à queda.

No início de 1823, Luís XVIII enviou seu exército para pôr fim à ordem constitucional no vizinho reino da Espanha. Por toda a Europa, o absolutismo levantava a cabeça. Em fevereiro de 1823, em Portugal, o conde de Amarante sublevou-se em Vila Real contra as Cortes e o constitucionalismo português. A adesão de dom Miguel, irmão mais jovem de dom Pedro, e de dom João VI à revolta facilitou a vitória em maio do mesmo ano.

Com a *Viradeira* e o retorno do realismo a Portugal, fortalecia-se, ao menos aparentemente, o *partido absolutista* e *português* no Brasil. Muitos pensavam que as Cortes lusitanas era o grande obstáculo à reunificação dos reinos de Portugal e do Brasil.

Golpe de Estado

Sentindo sua posição fortalecer-se no interior e no exterior do país, dom Pedro serviu-se do apoio dos irmãos Bonifácio a uma proposta parlamentar de expulsão dos portugueses hostis à Independência com o objetivo de demitir o ministério em fins de julho de 1823. A queda dos Bonifácio se deu com o apoio dos deputados constitucionalistas e liberais, que se aproveitaram da oportunidade para golpear os dois irmãos. A dissensão entre o imperador e José Bonifácio expressava também o fortalecimento do *partido português* em detrimento do *partido brasileiro*. A seguir, o imperador nomeou um gabinete realista que suspendeu incontinenti as medidas antilusitanas.

Em 3 de julho de 1823, as tropas portuguesas abandonavam finalmente a cidade de Salvador. Apesar de o Brasil estar em guerra com Portugal, dom Pedro mandou alistar e enviar para o Rio de Janeiro os soldados e suboficiais lusitanos aprisionados que quisessem se engajar ao seu serviço. O imperador adquiria, assim, tropas militares dedicadas a ele e aos interesses lusitanos e não à nova nação. Na oposição, os Bonifácio fundaram o jornal *Tamoio* e passaram a atacar o novo ministério, os portugueses e, conseqüentemente, dom Pedro. Tamoio - lembra Armitage - era o "nome de uma tribo de índios, notáveis pela inimizade que professavam contra os portugueses". Em verdade, os tamoios se haviam destacado por devorarem portugueses em seus banquetes antropofágicos.

A queda dos Bonifácio traduzia a vontade de dom Pedro de se desligar do *partido dos grandes proprietários crioulos* e governar como um autocrata em nome de todas as facções senhoriais. A chegada ao Brasil, em setembro do mesmo ano, de dois navios portugueses trazendo dignitários enviados para parlamentarem com dom Pedro, acirrou ainda mais as desconfianças dos brasileiros de que o soberano tramava a volta ao antigo regime e a reunificação de Brasil e Portugal.

Em novembro de 1823 apresentou-se a oportunidade esperada por dom Pedro. No dia 5, dois oficiais portugueses espancaram o patriota Davi Pamplona. O boticário, nascido em Portugal, era acusado de ser o autor de um artigo desabonador aos militares lusitanos publicado no jornal *A Sentinela,* sob a assinatura de um *Brasileiro Resoluto.* O jornal era dirigido pelo natural da ilha da Sardenha, Giuseppe Stephano Giordani.

As manifestações de deputados constituintes, na Assembléia, contra a não-punição dos agressores justificaram a concentração de tropas em São Cristóvão, residência imperial, de onde dom Pedro saiu na manhã do dia 12 de novembro, a cavalo, à frente de um forte destacamento militar - segundo parece temia um levante popular -, para fechar a primeira Assembléia Constituinte brasileira. Dom Pedro realizava o primeiro golpe militar e anticonstitucional no Brasil independente, já que se apoiou nas forças armadas para manter seu poder.

Constituição outorgada

Nos dias seguintes, dom Pedro publicou proclamações e manifestos que tentavam justificar seu ato e desdobrou-se em medidas policiais contra seus opositores. Era costume do imperador manter contato direto com delatores, espiões e policiais e orientar pessoalmente a repressão aos seus inimigos políticos. Possuímos uma nota escrita pelo próprio Imperador ao chefe de polícia, dias após o golpe anticonstitucionalista:

> Hoje um tal Barros que eu não sei se será Pedro José da Costa Barros disse na loja do Minoca que eu era um déspota, que não devia ter deitado abaixo a Assembléia (...). Mande já chamar os caixeiros do Minoca e o Minoca e pergunte se isso é verdade e a ser, proceda imediatamente (...).

Senhor da situação, Pedro I nomeou, em 13 de novembro de 1823, um Conselho de Estado com dez membros para elaborarem, sob a sua orientação, um projeto de Constituição. Até a abdicação, em 1831, esse grupo seleto de realistas forneceu boa parte dos membros dos ministérios de dom Pedro. Em início de 1824, a Constituição já se encontrava pronta. Descumprindo a promessa de que ela seria examinada e votada por uma Assembléia Nacional, o imperador limitou-se a enviá-la às Câmaras Municipais e a sancionou em 25 de março de 1824. A seguir, por dois anos governou autocraticamente sem convocar o poder legislativo.

A dissolução da Constituinte assinalou também o fim da liberdade de imprensa. Segundo John Armitage, os únicos jornais permitidos foram pasquins realistas que se dedicavam a enaltecer o governo e a publicar "longas diatribes sobre os horrores da democracia".

Muitos historiadores destacam o caráter liberal da Carta de 1824. Em verdade, ela normalizava as conquistas civis *dos homens livres*, a representatividade limitada das *elites* e a autoridade superior do imperador. Tarquínio de Sousa lembra que, ao assegurar as grandes conquistas liberais na Constituição de 1824 - garantia de liberdade individual e do direito de propriedade -, o soberano aderia à solução do restauracionismo francês de Luís XVIII.

Dom Pedro, concedendo e não cedendo o inevitável, apresentava a Constituição como uma dádiva real e não como a expressão da soberania, no caso, das elites da terra. Defendia o que era possível da concepção absolutista do poder.

Ao lado dos três poderes *burgueses* criava-se o poder *moderador*, privativo do monarca, supervivência do absolutismo autocrático. Ele entregava ao imperador, entre outras importantes atribuições, a dissolução do Poder Legislativo, que era composto pela Câmara dos Deputados (temporária) e pelo Senado (vitalício). A Assembléia Legislativa funcionava apenas quatro meses por ano e o imperador podia prorrogar ou não os trabalhos. O imperador escolhia os senadores na lista tríplice dos mais votados; o que lhe garantia o controle da Câmara Alta. As eleições eram censitárias (votavam e eram votados os homens livres que tinham uma certa renda), indiretas e em dois graus. Ao imperador cabia igualmente o exercício do Poder Executivo e, como tal, a escolha dos ministros e dos presidentes das províncias.

Porta aberta

Esta última atribuição imperial punha fim a qualquer esperança de autonomia federativa, ainda mais considerando-se que os Conselhos Provinciais possuíam reduzidas atribuições. Em verdade, o centralismo e o autoritarismo da Constituição de 1824 gestavam um estado de coisas que levaria, nas décadas de 30 a 40, aos movimentos federalistas e separatistas que abalaram o Brasil.

A Constituição de 1824 não impedia que o imperador brasileiro herdasse Coroas estrangeiras. Portanto, ficava aberto a dom Pedro o caminho para a reunificação dos reinos de Portugal e do Brasil sob sua suserania. A cidadania não era reconhecida aos trabalhadores escravizados e às populações americanas nativas. Nessa época, o Brasil possuiria uma população de 4 milhões de habitantes. Dentre eles, 1,5 milhão de trabalhadores escravizados.

A Constituição foi mal recebida pelos liberais e pelos federalistas das diversas províncias. Na de Pernambuco, Paraíba, Ceará e Rio Grande do Norte, motivou uma importante rebelião separatista e republicana - a Confederação do Equador. Em Pernambuco, os portugueses haviam sido expulsos sem a ajuda do Rio de Janeiro e as tropas da região participaram dos combates na Bahia contra os portugueses. Tal processo levou à formação de uma Junta Governativa, em que as facções liberais eram dominantes.

Como presidente da Província, fora eleito Manoel de Carvalho Paes de Andrade, antigo revolucionário de 1817. Dom Pedro escolheu para substituí-lo o pernambucano Francisco Paes Barreto, republicano de 1817 convertido ao monarquismo e grande proprietário de engenhos. O governo pernambucano negou-se a obedecer: rompeu com o governo central, organizou a resistência armada, procurou o apoio dos Estados Unidos. Dom Pedro ordenou o ataque dos revolucionários por terra e mar. Em 12 de novembro, proclamava-se o regime republicano e o movimento estendia-se às províncias da Paraíba, do Rio Grande do Norte e do Ceará, regiões articuladas econômica e socialmente com Pernambuco.

Como em 1817, os plantadores deram as costas aos revolucionários, que não se arriscaram a mobilizar os trabalhadores escravizados e as populações pobrers livres. A promessa dos revolucionários de abolir o tráfico, feita para atrair a simpatia da Inglaterra, terminou afastando definitivamente os grandes plantadores e comerciantes de escravos do movimento. Isolados socialmente, os republicanos foram derrotados e uma violenta repressão abateu-se sobre a região. Os chefes do movimento foram julgados em processo "sumaríssimo e verbalmente", ao arrepio do que era determinado pela Carta Constitucional, que acabava de ser outorgada. Nos fatos, dom Pedro ordenara que se sufocasse a rebelião com um verdadeiro banho de sangue.

Capítulo 5

Crescente Impopularidade Real

Apenas a submissão pela força das tendências liberais e federalistas não garantia a estabilização do regime imperial, centralizador e autoritário. As dificuldades econômicas e soluções pouco felizes dadas pelo soberano a diversas conjunturas nacionais e internacionais restringiram aceleradamente as forças sociais que sustentavam o regime. Em pouco tempo, a base social de dom Pedro se restringia aos *corcundas*: em sua grande maioria, militares, funcionários e comerciantes nascidos em Portugal. Isolado das forças que lhe haviam entregue o cetro, sobretudo dos grandes proprietários e comerciantes escravistas, não sobraria a dom Pedro outro caminho senão a renúncia ou a submissão. Sem saída, dom Pedro abdicaria em abril de 1831.

O primeiro grande problema enfrentado pelo soberano foi o reconhecimento da Independência brasileira pelas nações européias, em geral, e pela Inglaterra, em especial. Apesar de ter apoiado e beneficiar-se de uma Independência que lhe garantia o livre acesso aos mercados brasileiros, a Inglaterra vendeu caro seu reconhecimento. Os ingleses não deixaram, igualmente, de arrancar do governo brasileiro grandes concessões para Portugal, seu tradicional aliado.

Em 1825, o governo britânico enviou *sir* Charles Stuart ao Brasil para concluir as tratativas do reconhecimento da Independência. Ao passar por Lisboa, o diplomata inglês foi encarregado por dom João VI de fazer o mesmo em nome de Portugal. *Sir* Stuart arrancou de dom Pedro grandes concessões para os interesses portugueses. O tratado entre Brasil e Portugal de agosto de 1825 concedia iguais direitos para os súditos das coroas portuguesas e brasileiras; prometia não anexar nenhuma colônia lusitana; entregava a dom João o título honorífico de Imperador do Brasil; garantia privilégios comerciais aos lusitanos. Uma cláusula secreta do tratado obrigava o Brasil a indenizar dom João com 600 mil libras e a assumir o pagamento de um empréstimo que Portugal contratara com a Inglaterra em 1823 - de 1,4 milhão de libras -, precisamente para combater a Independência do Brasil.

Compreende-se por que dom Pedro dissolvera a primeira Assembléia e demorava-se a convocar outra, ainda que restrita a funções legislativas limitadas. A concessão do título de imperador a dom João restituía a dom Pedro os direitos de progenitura na sucessão portuguesa. Como temiam as forças liberais brasileiras, abria-se novamente um caminho para a reunificação do Brasil e de Portugal. Eram importantes os interesses econômicos lusitanos no Brasil e quase nulos os capitais brasileiros em Portugal. Portanto, a igualdade de direito para portugueses e brasileiros, nos dois Estados, garantia as propriedades e interesses dos comerciantes lusitanos estabelecidos no Brasil e poucos benefícios determinava aos grandes proprietários escravistas.

África brasileira

Por ocasião da Independência, os negreiros angolanos, há muito associados com os comerciantes de escravos da Corte, discutiam a possibilidade de separar-se de Portugal e unir-se ao Brasil. Tal união transformaria o tráfico negreiro entre Angola e o Brasil em um simples movimento de cidadãos de um mesmo país, contornando as pressões inglesas pela abolição do tráfico internacional. Entretanto, o Brasil tinha se comprometido com Portugal no sentido de não interferir em suas colônias. Essa promessa punha fim às articulações com Angola e indispôs dom Pedro com os comerciantes negreiros brasileiros.

Também infeliz seria o final da aventura expansionista de dom Pedro no Prata. Desde a fundação da colônia do Sacramento, em 1680, Portugal pretendera estender as fronteiras meridionais do Brasil até o rio da Prata, considerado como fronteira natural da colônia americana. Ao chegar ao Brasil, dom João relançara o movimento em direção ao Prata. Dom Pedro, à cabeça do novo império, insistiria no mesmo propósito. No início do século XIX, a Banda Oriental (atual Uruguai) era um imenso território desabitado, ocupado por fazendas agrícolas, sobretudo pastoris, que se espalhavam pelo interior ou se concentravam nas imediações de poucas cidades como Montevidéu, Maldonado, Colônia.

Ao contrário do Brasil, o escravismo desempenhava um papel secundário na região. O tipo humano dominante era o gaúcho - trabalhador pobre e livre, mestiço de espanhol, indígena e negro, que se dedicava à atividade pastoril. A base da economia da região era a criação animal e a exportação de carne-seca, couros e sebo. Portanto, apesar da escassez populacional, ao contrário do Brasil (terra de senhores e de escravos), a Banda Oriental contava com uma massa aguerrida de homens pobres e livres que lutava pela independência de sua terra. Contava com segmentos sociais que podiam ser definidos como populares.

Montevidéu tinha uma posição militar estratégica e era um importante centro comercial do Prata. Um pouco representativo *cabildo* da capital votara, em julho de 1821, sob a pressão do general luso-brasileiro Lecor, a adesão da Banda Oriental ao Brasil, dando origem à província Cisplatina. Nos anos seguintes, Buenos Aires e a grande maioria dos habitantes da região não deixaram de expressar seu descontentamento com a anexação. Em abril de 1825, com o apoio de Buenos Aires, um pequeno destacamento armado desembarcou na província Cisplatina e iniciou os combates pela libertação dos territórios da dominação imperial brasileira.

Guerra imperial

Em 25 de agosto de 1825, um governo provisório e uma Assembléia Constituinte decidiram associar o Uruguai aos Estados Confederados do Rio da Prata. Engrossada pelos aguerridos gaúchos dos pampas, as tropas rebeldes derrotaram em outubro de 1825 cerca de 2.200 soldados imperiais brasileiros na batalha de El Sarandi. Buenos Aires abastecia com facilidade as tropas que lutavam na Banda Oriental. O mesmo não fazia a Coroa brasileira, sediada na distante Rio de Janeiro. A longínqua guerra - desejada por dom Pedro - consumia grandes recursos humanos e materiais e as finanças do Império encontravam-se em situação escabrosa. Os senhores brasileiros antipatizavam profundamente com essa aventura.

Em dezembro de 1825, em resposta à derrota militar na Cisplatina, o Império declarou guerra a Buenos Aires e decretou o bloqueio do rio da Prata. A superioridade da Marinha brasileira era quase absoluta. Buenos Aires respondeu concedendo cartas de corso (licença para atacar os navios dos inimigos) a todos os aventureiros que as reivindicassem. A seguir, a caça aos navios brasileiros tornou-se um ótimo negócio para aventureiros de diversas nacionalidades. Como assinala o historiador inglês Armitage, "em poucos meses a costa toda desde o Maranhão até o Rio Grande ficou infestada" de audazes corsários que causavam graves prejuízos ao comércio nacional e internacional brasileiro, na época, realizado sobretudo por via marítima.

Em fevereiro de 1827, na batalha de Ituzaingo/Passo do Rosário, as tropas imperiais sofreram outra grande derrota. O bloqueio do Prata levava ao aprisionamento de naves estrangeiras. Logo se fizeram freqüentes as reclamações e os pedidos de indenização dos governos norte-americano, francês e inglês. Em 6 de julho de 1828, chegou ao porto do Rio de Janeiro uma pequena esquadra francesa – uma nau e duas fragatas – reclamando a indenização dos prejuízos sofridos pelas embarcações de sua bandeira e a devolução de navios apreendidos. Ao que dom Pedro I acedeu, apesar da disposição em contrário da opinião pública senhorial.

A insurreição de alemães e irlandeses, atraídos ao Brasil com promessas de terra e alistados quase à força no Exército para irem lutar no Uruguai; o golpe de dom Miguel contra sua filha, rainha de Portugal; e os insucessos militares no Prata levaram dom Pedro a acordar em agosto de 1828 com Buenos Aires, como desejavam os ingleses, a independência da Banda Oriental e a livre navegação do Prata. John Armitage calcula que a aventura tenha custado ao Brasil 121 milhões de cruzados e 8 mil vidas. A longa e custosa aventura imperial de dom Pedro no Uruguai revelava-se um grande fracasso. O prestígio do imperador ressentiu-se seriamente do desastre.

A morte do pai

Dom Pedro abrira, há algum tempo, um outro foco de atrito com os grandes senhores brasileiros. Estes últimos haviam se independentizado de Portugal e acreditavam ter posto um ponto final no relacionamento umbilical entre as duas nações. Era profundamente antipático aos *homens bons* da nação o permanente interesse e envolvimento de dom Pedro na política lusitana. Em 1825, o reconhecimento português da Independência brasileira recolocara dom Pedro como herdeiro da Coroa de Portugal. Em 24 de abril de 1826, chegava ao Brasil um barco anunciando a morte de dom João, ocorrida a 10 de março, e a proclamação de dom Pedro como rei de Portugal. Os interesses mercantis portugueses viam na reunificação dinástica um caminho para a volta, ao menos parcial, dos privilégios comerciais que gozaram no Brasil.

Dom Pedro compreendia que permanecer com a Coroa lusitana seria lançar o Brasil em uma guerra civil. Então, mais do que nunca, era fortíssimo o sentimento antilusitano entre as elites do país, exasperadas pelo autoritarismo do soberano. O imperador assumiu a coroa portuguesa e logo abdicou, em maio de 1826, em favor de sua filha dona Maria da Glória, de sete anos, que foi concedida em casamento ao tio dom Miguel, de 24 anos, candidato dos absolutistas portugueses. Mas em função da menoridade de sua filha, dom Pedro permanecia como regente. Já em 1821, o imperador brasileiro escrevera ao irmão dom Miguel propondo tal solução dinástica. A abdicação de dom Pedro como regente era condicionada à consumação do matrimônio. Esses casamentos incestuosos e esdrúxulos eram comuns nas famílias imperiais européias, já que eram imprescindíveis para consubstanciar soluções políticas no contexto das relações dinásticas e familiares.

Dom Pedro outorgou aos portugueses uma Constituição ainda menos democrática do que a brasileira, que lhe serviu de modelo: o veto real era absoluto e o Senado foi substituído por uma Câmara (vitalícia e hereditária) de nobres indicados pelo rei. Em Portugal, a sessão legislativa duraria três meses. Apesar de seu antiliberalismo, a Constituição portuguesa foi mal recebida pelo partido aristocrático português. Compreende-se por quê. Ela normalizava a vida política e civil de uma nação que, ao contrário da brasileira, desconhecia a escravidão. Portugal possuía uma importante população que, com a Constituição, ascendia à cidadania. As conquistas liberais básicas asseguradas pela Constituição - garantia de liberdade individual e do direito de propriedade - eram extensivas a praticamente toda a população. Desde a morte de dom João VI, dom Miguel tornara-se o chefe inconteste do partido absolutista português.

A solução encontrada para a sucessão lusitana não afastava imediatamente dom Pedro dos assuntos portugueses. O imperador intervinha ainda com maior decisão nos assuntos portugueses, pois contava com o apoio inglês. O embaixador britânico, *sir* Charles Stuart, chegara a participar do Conselho do Imperador nas discussões sobre a abdicação de dom Pedro à Coroa portuguesa. Em julho de 1827, diante da insatisfação lusitana causada pela insistência de dom Pedro em comportar-se como efetivo soberano de Portugal - distribuía títulos de nobreza, promovia militares, influenciava na nomeação de ministros -, o imperador nomeou dom Miguel como regente e, em fevereiro de 1828, com o juramento de dom Miguel à Constituição, renunciou, em favor da filha, a todo e qualquer direito ao trono de Portugal.

Guerra civil

Em janeiro de 1827, cerca de 5 mil soldados ingleses desembarcaram em Portugal para apoiar a solução *constitucionalista*. Entretanto, com a mudança do gabinete britânico, o governo inglês retiraria sua adesão à solução dinástica proposta por dom Pedro, e as tropas abandonaram a Península em abril de 1828. O *partido realista português* passou a propor abertamente que dom Miguel assumisse como soberano absolutista, o que ele fez, após o pronunciamento das velhas Cortes, em junho de 1828. Então, o novo soberano absolutista do Reino de Portugal e Algarve iniciou o combate aos constitucionalistas, que foram derrotados sem maiores dificuldades.

Os absolutistas vergavam finalmente a revolução constitucionalista iniciada, oito anos antes, em 1820, no Porto. O retorno de Portugal ao *ancien régime* assumiu o caráter de violenta luta de classe restauracionista: centenas de opositores foram executados; 14 mil portugueses terminaram nas prisões; 80 mil famílias tiveram seus bens confiscados. Evidenciava-se a debilidade da burguesia portuguesa que se mantivera sempre dependente das rendas mercantis coloniais.

Dom Pedro protestou diante das cortes européias e reafirmou claramente seu apoio aos direitos de sua filha ao trono lusitano. A sua crescente intromissão na política portuguesa desgostava os liberais e os constitucionalistas brasileiros que ironizavam sobre a defesa do soberano, no exterior, de princípios constitucionais que ele mesmo não respeitava no seu reino. Sem o conhecimento da Assembléia Nacional, dom Pedro sustentava, com as finanças brasileiras, os antimiguelistas refugiados no Brasil e financiava a compra de armas e desastradas aventuras militares no Velho Mundo. Tais ações eram absolutamente anticonstitucionais.

Como haviam sido pagas apenas 250 das 600 mil libras da indenização que dom Pedro concedera a seu pai dom João – no reconhecimento da Independência do Brasil –, o imperador, herdeiro da dívida depois da morte do pai, mandou entregar o restante devido aos ministros de dona Maria II, tida como herdeira do avô e da Coroa portuguesa. Desnecessário assinalar que essa soma era paga com os exauridos recursos do Estado brasileiro.

Capítulo 6

A Queda de Dom Pedro I e o Período Regencial

A perda de apoio de dom Pedro I, a abdicação e as regências

A péssima situação financeira do Estado, o comportamento autocrático de dom Pedro I e de seus ministros, seu envolvimento na política portuguesa, sua desregrada vida pessoal, o fracasso da aventura expansionista na Cisplatina, o privilégio concedido aos lusitanos com a nomeação e promoção dos oficiais militares e administrativos, tudo corroía inexoravelmente o prestígio do jovem soberano. Uma outra importante causa de sua queda foi a adesão às reivindicações inglesas de abolição do tráfico transatlântico de escravos. Com ela, o jovem imperador incompatibilizou-se definitivamente com a poderosa classe dos grandes comerciantes e plantadores escravistas – facção hegemônica do bloco social dominante do novo Estado.

No século XVIII, a Inglaterra tornara-se a primeira potência negreira. Parte da poderosa marinha britânica fora financiada e treinada com e no comércio transatlântico de escravos. A Revolução Industrial determinou que o açúcar e o tráfico perdessem importância relativa para a economia inglesa. A indústria passou a necessitar de matérias-primas baratas e mercados consumidores em contínua expansão. A África negra poderia oferecer ambos. Porém, o desfrute do continente africano exigia que os reinos negros escravizadores da costa fossem destruídos, que os litorais fossem penetrados, que os africanos abandonassem a produção e o tráfico de homens pela produção e comércio de matérias-primas (marfim, cera, óleo de dendê). O tráfico de homens devia ser abolido para que o africano passasse a ser explorado na própria África e não mais nas Américas.

Desde 1810, a Inglaterra vinha arrancando de Portugal tratados que restringiam o tráfico negreiro. Com a Independência, o Brasil passou a ser a principal nação escravista do Novo Mundo. Uma das condições inglesas para o reconhecimento da nova nação fora a abolição do comércio de homens. O envolvimento de Pedro I na política lusitana enfraquecia-o ainda mais diante das pressões da Inglaterra, então a grande mentora da política internacional. Em 23 novembro de 1826, Pedro I subscreveu uma convenção com o governo inglês – a Constituição de 1824 dispensava a consulta ao Parlamento – que punha fim ao tráfico negreiro em direção ao Brasil, três anos após a ratificação do documento. Depois deste prazo, a atividade seria considerada como pirataria. O tratado foi ratificado a 13 de março de 1827 e comunicado em maio do mesmo ano à Câmara, que expressou sua oposição.

Em maio de 1830, na Fala do Trono, dom Pedro afirmava: "O tráfico da escravatura cessou, e o Governo está decidido a empregar todas as medidas (...) para evitar sua continuação debaixo de qualquer forma ou pretexto que seja." A assinatura do tratado dera-se em momento de grande marasmo da produção açucareira e algodoeira. Os plantadores compravam com dificuldade os escravos da África, o que criava reais condições para a abolição do tráfico. Entretanto, nas encostas dos morros próximos da cidade do Rio de Janeiro desenvolviam-se as primeiras plantações de café, que começavam a exigir crescente número de cativos.

A produção e o comércio escravistas lentamente se reaqueciam. Os plantadores e os negreiros negavam-se a garantir uma medida que deixaria em perigo a base da economia, inviabilizaria o desenvolvimento da produção cafeicultora e poria fim a um ótimo negócio. Um ano antes, em janeiro de 1829, Bernardo Pereira de Vasconcelos, um dos principais líderes da oposição liberal, propusera que o Conselho Geral da Província de Minas Gerais enviasse à Assembléia Geral do Império uma nota sobre os inconvenientes da abolição do tráfico.

Oposição liberal

Em maio de 1826, instalara-se finalmente a Assembléia Legislativa. Controlando o Senado e o Executivo, Pedro I pouco se preocupou em atender as reivindicações dos deputados provinciais. Em pouco tempo, a Câmara Baixa tornou-se o centro de uma acirrada oposição liberal contra o autoritarismo e o centralismo imperiais. Com a degradação da situação econômica e com os seguidos insucessos governamentais, fortaleceram-se as diversas facções federalistas moderadas e radicais. De centro da convergência dos segmentos senhoriais, em 1822, Pedro I passou, em poucos anos, a intérprete quase exclusivo do *partido lusitano*. Em setembro de 1830, a demissão por dom Pedro do ministério do Marquês de Barbacena, que desde dezembro do ano anterior tentava governar apoiado em uma maioria parlamentar, pôs fim à breve experiência parlamentarista e precipitou a queda do imperador.

Parte da força do autoritarismo de Pedro I provinha do refluxo do liberalismo decorrente da ofensiva absolutista apoiada a partir de 1823 pela Santa Aliança - coalizão de governos absolutistas europeus. A queda do reacionário Carlos X e a vitória da Revolução de Julho, em Paris, em 1830, modificou radicalmente o cenário político europeu. Em setembro, ao saber-se no Brasil do sucesso da revolta democrática francesa, os liberais das províncias de São Paulo, Rio de Janeiro e Pernambuco iluminaram suas casas em sinal de alegria. Tanta era a desmoralização da Coroa, que Pedro I decidiu empreender uma viagem à Província de Minas Gerais em dezembro de 1830, procurando ganhá-la para a causa imperial, como o fizera com sucesso em 1822.

Minas Gerais recebeu dom Pedro com extrema frieza. Em muitas cidades, realizavam-se homenagens fúnebres ao jornalista e democrata italiano Libero Badaró, no exato momento da visita do Imperador. Ele fora assassinado em São Paulo, no dia 20 de novembro de 1830, segundo parece, a mando do Ouvidor realista da Comarca. Em Ouro Preto, a 22 de fevereiro de 1831, Pedro I deixava entrever a desesperada situação da Coroa ao lançar um patético manifesto aos brasileiros:

> Existe um partido desorganizador que, aproveitando-se das circunstâncias puramente peculiares da França, pretende iludir-vos com invectivas contra a minha inviolável e sagrada pessoa, e contra o Governo (...). Escrevem sem rebuço, e concitam os povos à federação (...).

John Armitage afirma que, já na viagem de retorno ao Rio de Janeiro, Pedro I cogitara uma eventual abdicação, dada a frieza na acolhida dos mineiros. Para elevar o ânimo do soberano e defender a causa imperial, seus partidários organizaram amplas comemorações de boas-vindas. Nos dias 11, 12 e 13 de março, casas foram iluminadas, fogueiras acesas, bandas de músicas desfilaram pelas ruas. Durante as coletas dos fundos para o financiamento dos gastos e durante os festejos, evidenciou-se que as manifestações eram sustentadas quase exclusivamente por portugueses radicados no Brasil ou por refugiados da repressão miguelista.

Noite das Garrafadas

No dia 13, algumas contramanifestações espontâneas de constitucionalistas terminaram em uma forte pancadaria que assumiu rapidamente o caráter de confronto étnico e político entre portugueses e brasileiros, entre liberais e imperiais. Os principais armamentos do entrevero foram pedras e cascos de velhas garrafas - de onde a historiografia se inspirou para registrar o evento com o nome de A Noite das Garrafadas. Mais numerosos na ocasião, os portugueses levaram a melhor e, armados de porretes, passaram a percorrer as ruas dando gritos de viva ao imperador e fazendo escárnio de liberais e republicanos. Em resposta, nos dias seguintes, os brasileiros passaram a portar o laço nacional verde-amarelo, o que bastou para arrefecer o ânimo lusitano. Em seu ingresso oficial na cidade, o imperador fora recebido com uma saudação que o advertia ameaçadoramente: "Viva o Imperador, enquanto constitucional!"

Aproveitando os acontecimentos, um senador e 23 deputados liberais decidiram acelerar a conspiração e lançaram um verdadeiro ultimato ao imperador, sob o pretexto de exigir o castigo dos manifestantes lusitanos. No dia 19, Pedro I tentou contornar a crise nomeando um ministério de brasileiros natos, resolução sem resultados devido à pouca relevância política dos novos ministros. Com o aprofundamento da crise, os principais líderes liberais passaram então a discutir sobre a melhor forma para deporem dom Pedro, sobre a oportunidade de darem fim à monarquia, sobre as vantagens de um regime republicano. No dia 6 de abril, em uma tentativa desesperada, Pedro I substituiu seus ministros por cinco marqueses e um visconde, conhecidos por suas posições absolutistas.

Uma grande manifestação pela reintegração do antigo ministério e o abandono das tropas militares da Corte desnudaram o profundo isolamento social e político de dom Pedro. Uma mensagem real contemporizadora foi rasgada publicamente pelos manifestantes. Os seguidores portugueses desapareceram das ruas e entrincheiraram-se em suas casas. Instado por uma delegação a chamar os ministros demitidos, dom Pedro afirmou que "tudo faria para o povo, mas nada pelo povo". Mantinha-se, até às últimas horas de seu reinado, apegado às concepções absolutistas dos Bragança.

Às duas horas da manhã de 7 de abril de 1831, sem alternativas, dom Pedro I abdicou: "Usando do direito que a Constituição me concede, declaro que hei mui voluntariamente abdicado na pessoa de meu muito amado e prezado filho o Sr. dom Pedro de Alcântara." O herdeiro não contava ainda com seis anos. Acompanhado de sua esposa, de dona Maria II – sua filha e rainha deposta – e um pequeno número de cortesãos, embarcou no navio inglês Warspite e seguiu em direção à Europa; não sem antes se ocupar somiticamente da venda de suas propriedades no país.

Tendo abdicado Pedro I e sendo menor o herdeiro, a Constituição ordenava que governasse, como regente, um parente do imperador maior de 25 anos. Na falta deste, senadores e deputados indicariam uma Regência Trina, que governaria por quatro anos. Como o Legislativo encontrava-se em recesso, os deputados que se encontravam na Corte elegeram, no dia 7 de abril, como regentes provisórios, o senador Marquês de Caravelas, o principal inspirador da Constituição e eminência do antigo regime; o senador Nicolau Pereira dos

Campos Vergueiro, chefe da conspiração liberal e grande proprietário, e o brigadeiro Francisco de Lima e Silva, comandante efetivo das tropas da Corte e grande senhor de terras e de escravos na Província do Rio de Janeiro.

Os regentes confirmaram o gabinete demitido, determinaram uma ampla anistia política, dispensaram tropas e oficiais estrangeiros contratados. A 14 de julho votou-se a lei que determinava os poderes da Regência e, no dia 17, a Assembléia Geral elegeu a Regência Permanente, com mandato até outubro de 1835, composta por José da Costa Carvalho, João Bráulio Muniz e o brigadeiro Francisco de Lima e Silva. Foi confirmada a indicação de José Bonifácio, antigo desafeto político de dom Pedro I, como tutor do príncipe-herdeiro. A nova situação sancionava o domínio direto dos grandes proprietários escravistas sobre a nação, concluindo o processo de emancipação de Portugal iniciado em 1821.

Capítulo 7

Ideologia Nacional Escravista

A luta pela construção de uma ideologia nacional para o Brasil independente

Em meados do século XVIII, a literatura portuguesa viveu importante movimento de renovação. O Arcadismo procurou superar os excessos gongóricos da literatura do século XVII, criando uma poesia naturalista e pastoril, assentada sobre temas clássicos e mitológicos que cultuavam a originalidade, a simplicidade e a espontaneidade. Essa escola literária expressava na literatura uma forte crítica racionalista ao barroco.

O Arcadismo foi adotado pela vanguarda cultural das diversas capitanias do Brasil; especialmente na rica Minas Gerais, poetas como Cláudio Manoel da Costa, Basílio da Gama, Santa Rita Durão, Alvarenga Peixoto, Tomás Antônio Gonzaga e outros dedicaram-se à construção de uma poesia neoclássica e bucólica que se pretendia *democrática*, simples e original. As referências à natureza e ao indígena foram, portanto, marcantes nas obras dos poetas da grande Colônia. Eles exprimiam igualmente a crise do mercantilismo e o despertar da necessidade de autonomia política da pátria colonial. Entretanto, esse sentimento expressava também o projeto da Ilustração portuguesa de autonomia das suas colônias no contexto de um grande império lusitano *refundado*, com epicentro em Portugal.

Inicialmente, o processo de independência do Brasil monopolizou os esforços políticos e ideológicos das elites intelectuais brasileiras. A seguir, a entronização de um príncipe português, herdeiro da Coroa lusitana, e o golpe anticonstitucionalista de 1823 refrearam os sentimentos nacionais e regionais das classes senhoriais da nova nação política, ideológica e materialmente.

Com a destituição de Pedro I, em 7 de abril de 1831, as elites proprietárias brasileiras apoderaram-se das rédeas da nação. Não obstante, a Abdicação golpeou irremediavelmente os interesses lusitanos na esfera administrativa, militar e comercial. Em 1831, e não em 1822, o Brasil rompia enfim suas amarras com Portugal.

A ruptura cultural e política com Portugal e a formação de um grande império americano teriam reflexos nas representações ideológicas. A ruptura cultural com a antiga metrópole desenvolveria e cimentaria a independência política da nação. Nessa época, sobretudo no Brasil, a literatura identificava-se com a poesia e era vista, por muitos, como a mais elevada expressão cultural e espiritual de um povo e de uma nação.

Após a definitiva independência de Portugal, a inclusão da literatura brasileira como uma página da literatura portuguesa, pretensão de muitos autores da época, era considerada pelos senhores da nova nação como sinônimo de subserviência colonial. Para as elites brasileiras, a construção de uma literatura nacional, de uma cenografia nacional, de uma historiografia nacional, de uma arquitetura nacional eram conseqüências lógicas da conclusão do processo de emancipação iniciado em 1822 e concluído em 1831.

A cor do gênio

Na Europa de então, centro da cultura ocidental, o Romantismo enfurecia como expressão estética e cultural da hegemonia das revoluções burguesas, liberais e nacionais sobre o mundo feudal em crise. Na poesia e na literatura, o Romantismo exigia que o gênio nacional, posto em tensão, desse lugar a uma arte que se inspirasse no meio geográfico e nas características específicas dos povos de cada nação. Ou seja, a literatura deveria refletir a *alma nacional* de cada povo.

Em 1826, exilado na França devido à *Viradeira* promovida por dom Miguel, o liberal Almeida Garrett, um dos mais importantes autores românticos lusitanos, em comentário à primeira grande antologia da poesia em língua portuguesa, defendia que faltava "originalidade" aos autores brasileiros, refreados pela "educação européia". Apenas a interpretação poética da pujança da "natureza daquela vasta região" deixaria em evidência o "espírito nacional" do novo Império.

No mesmo sentido, no mesmo ano, na mesma nação, o americanista Ferdinand Denis era ainda mais enfático em seu *Resumo da História Literária do Brasil.* Para o francês, era hora de a nova nação brasileira cortar também seus laços literários com Portugal: "A América, enfim, deve ser livre na sua poesia como no seu governo."

Ferdinand Denis acreditava que, para fazê-lo, seus autores deviam buscar inspiração na sua natureza pujante; na saga dos indomáveis povos originais, destruídos pela colonização;

na aventura hercúlea dos desbravadores europeus e, sobretudo, no "gênio" do povo brasileiro, formado pela superposição e fusão das raças européia, africana e indígena. Em cada uma delas, Ferdinand Denis via fonte de inspiração artística. Nesse sentido, reconhecia o africano igualmente como tema artístico:

> O negro tem necessidade de se abandonar ao ardor de sua imaginação, e de que participemos de seu pensamento; suas palavras rápidas não bastam para traduzir a abundância de suas idéias; excita o espectador com seus gestos, sua voz sai em brados, seus olhos animados indicam o ardor de sua alma. Volúvel em seus sentimentos, mas sempre crédulo, o sobrenatural embeleza suas narrações. Chora, sem dúvida, à lembrança de antigos infortúnios; mas apesar dos sofrimentos da escravidão, o presente, animando o calor de sua imaginação, arrebata seus olhos do futuro.

Foi pouco ambiciosa, lenta e oblíqua a resposta dos autores brasileiros à nova situação política e social e às diretrizes dos românticos europeus. Antônio Soares Amora, em *O Romantismo: a literatura brasileira*, referindo-se aos jovens artistas brasileiros que tomaram em suas mãos o projeto de nacionalização da literatura, afirma pertinentemente que "eles, apesar de seu entusiasmo e empenho reformador, não lograram exercer (...) a ação a que se propuseram".

Nada muito novo

A história da literatura brasileira registra o jovem Domingos Magalhães como um dos principais precursores do movimento romântico no Brasil, com sua *Carta ao meu amigo C. B. Monteiro*, de 1833, e em *Suspiros Poéticos e Saudades*, de 1836, em que aderiu aos ideais românticos e nacionalistas. No mesmo ano, o jovem Martins Pena, egresso da Academia de Belas-Artes onde estudara com o liberal J. B. Debret, esboçava a "primeira comédia brasileira", *O juiz de paz da roça*, encenada com grande êxito em 1837.

Em 1833, criava-se na Faculdade de Direito de São Paulo, com professores e alunos, a Sociedade Filomática - "amigos do aprender" -, com explícitos objetivos nacionalistas. Três anos depois, em Paris, constituía-se o grupo de intelectuais brasileiros que daria origem à revista *Niterói-Revista Brasiliense*, animada por Magalhães, Porto Alegre e Torres Homem. Em 1837-1838, tomava corpo o nascimento do projeto da construção de um *teatro nacional* no Rio de Janeiro. Ou seja, uma companhia de teatro formada por atores brasileiros.

Com o mesmo objetivo autonomista, em 1838, no seio da *Sociedade Auxiliadora da Indústria Nacional,* fundava-se o Instituto Histórico e Geográfico Brasileiro, inspirado e sob o patrocínio direto do Instituto Histórico da França. O IHGB formou-se com "25 sócios efetivos, residentes na Corte" e um "número limitado de honorários e correspondentes", residentes no Rio de Janeiro ou nas províncias. Seu primeiro presidente foi o senador e conselheiro de Estado, Visconde de São Leopoldo. A *Sociedade Auxiliadora da Indústria Nacional* congregava os principais plantadores escravistas, sobretudo os do Rio de Janeiro.

Nos anos 1833-1838, o nacionalismo americanista desses pioneiros foi relativamente cauteloso e refratário a "excessivas inovações" estéticas. De certo modo, eles aderiram apenas à renovação literária dos neoclássicos, uma posição muito aquém daquela proposta por Ferdinand Denis e Almeida Garrett. Nesse sentido, a timidez artística das elites brasileiras era reflexo da timidez que já demonstrara na época da emancipação nacional.

Antônio Soares Amora explica esse impasse como resultado de três fatores. Primeiro, a valorização excessiva dos românticos europeus, das possibilidades dos autores e da realidade americana levavam os autores a proporem um rompimento radical impossível com o Velho Mundo. Segundo, como os autores brasileiros tinham consciência do atraso da nova nação, eles sentiam-se obrigados a manter a dependência à cultura européia. Terceiro, os graves acontecimentos provocados pela Abdicação teriam impedido um maior esforço cultural nacional. Soares Amora defende que o teatro naturalista, popular e de costumes de Martins Pena teria se aproximado mais de uma real nacionalização da cultura.

Alguns anos mais tarde, o jovem maranhense Antônio Gonçalves Dias triunfaria onde fracassara Gonçalves de Magalhães. Após completar seus estudos em Coimbra, onde estabeleceu contatos com a vanguarda liberal e romântica portuguesa, o jovem maranhense voltou ao Brasil para publicar, em 1846, o livro *Primeiros Cantos*, de imediato sucesso, seguido por *Segundos Cantos* em 1848 e *Últimos Cantos* em 1851, também aclamados. O reconhecimento pelas elites brasileiras da obra de Gonçalves Dias foi indiscutível: ele foi associado ao Instituto Histórico e Geográfico Brasileiro; nomeado professor do Colégio Pedro II; enviado pelo imperador a diversas missões de estudo no Brasil e na Europa. Entretanto, Gonçalves Dias consagrou-se especialmente por realizar, com seus indiscutíveis dotes poéticos, na sua poesia indianista, o *programa de nacionalização da literatura brasileira*, delimitado há mais de vinte anos por Ferdinand Denis e Almeida Garrett.

Terminando a lição

O programa de nacionalização literária de Gonçalves Dias, na poesia, vai ser concluída dez anos mais tarde, em 1857, com a publicação do romance *O Guarani*, de José de Alencar.

Esses dois escritores marcaram o surgimento de uma obra poética e de outra ficcional que realmente expressavam o Brasil da época.

A poesia americanista de Gonçalves Dias assenta-se sobre a experiência histórica dos tupis-guaranis, em geral, e dos tamoios, em especial. Para escrevê-la, o autor dedicou-se a estudos sistemáticos da lingüística, etnografia e história brasílicas. O desaparecimento desses povos diante dos colonizadores portugueses é narrado por Gonçalves Dias como uma verdadeira epopéia trágica.

Na época, o Brasil era uma nação formada por um verdadeiro retalho de províncias, economicamente semi-autônomas, mantidas unidas, a muito custo, pelo poder central estabelecido no Centro-Sul. Era muito grande a diversidade regional. Importantes facções das elites regionais sonhavam com a autonomia de suas regiões. Pernambuco e suas províncias limítrofes tentaram a aventura em 1817 e 1824. O Rio Grande do Sul tentaria o mesmo de 1835 a 1845. Em verdade, não havia uma unidade territorial brasileira.

Maior ainda era a falta de homogeneidade social. Efetivamente, o Brasil era uma nação formada por setores sociais que viviam em um antagonismo visceral. Os senhores de escravos reinavam sobre multidões de escravos africanos ou crioulos. Pouco sabemos sobre as línguas veiculares dessa população, sobre suas canções de trabalho, de lazer, sobre suas lendas, sua literatura oral. Eram igualmente importantes as camadas subalternas caboclas (descendentes das populações nativas) ou mestiças, mantidas na submissão. Quase nada sabemos, igualmente, da fala e da cultura dessas comunidades. Em meados do século XIX, a escravidão era o elemento diferenciador do Brasil em relação à Europa e unificador em relação às diversas regiões e setores sociais nacionais. Ele era certamente a expressão da *alma nacional* brasileira.

Não foi fortuito o fato de Gonçalves Dias e José de Alencar terem baseado suas literaturas em um *índio idealizado* e terem se esquecido do *negro*. Há muito o tupi deixara de constituir o alicerce da força de trabalho no Brasil e já se constituíram explicações apologéticas e idealizadas sobre seu desaparecimento. Ao contrário, o trabalhador negro feitorizado sustentava e sustentaria por muito tempo o arcabouço social nacional com seu trabalho duro e anônimo.

Em meados do século XIX, criou-se uma poesia e uma literatura que expressavam a interpretação da construção da nacionalidade - unitarista, lusófona, centralista, senhorial. A vitória do projeto unitarista e das classes sociais que o apoiavam explica que essa literatura tenha sido e ainda seja apresentada como *nacional*.

Capítulo 8

Das Regências à Maioridade de Dom Pedro II

As regências Trina e Una, as revoltas provinciais e a maioridade de dom Pedro II

A abdicação de Pedro I e o governo direto dos grandes proprietários não trouxeram a paz e a tranqüilidade esperadas ao país. Nas duas décadas seguintes, as tendências centrífugas regionais e a insurgência dos segmentos sociais subalternos alcançaram verdadeiro paroxismo, sucedendo-se uma série de revoltas e revoluções que incendiaram o país e colocaram em perigo a sua unidade. A crise institucional que agitara o Primeiro Reinado (1822-1831) devia-se em boa parte à permanência do domínio do capital comercial lusitano e ao centralismo do Sudeste, que se expressavam politicamente no governo antiliberal de dom Pedro. Entretanto, a crise tinha razões mais profundas. Ela nascia das dificuldades financeiras que a economia semicolonial do Brasil atravessava.

Os preços internacionais dos gêneros de exportação da agricultura brasileira não paravam de cair. A economia açucareira nordestina sofria a forte concorrência da produção antilhana e européia (açúcar de beterraba). O algodão sofria a competição da produção dos Estados Unidos, da Índia e do Egito. Os déficits da balança comercial e os gastos do Estado eram financiados com empréstimos internos e externos, com o aumento dos impostos, com o confisco dos parcos excedentes provinciais e com a emissão inflacionária de moedas de valor nominal excessivo. Nesse contexto, o controle do Estado pelas classes hegemônicas do Sudeste assumia um importante significado econômico e político. As províncias periféricas ressentiam-se duramente desse verdadeiro colonialismo interno.

As regências Trina (de junho de 1831 a outubro de 1835) e Una (de outubro de 1835 a setembro de 1837) expressaram o ensaio de uma tímida transigência do autoritarismo dos grandes proprietários do Sudeste com as tendências federalistas que não cessavam de se fortalecer. Os liberais moderados foram os agentes da tentativa de construção de um novo pacto político. Eles propunham reformas no interior do regime centralizador e monárquico e tiveram que combater os restauracionistas, os liberais radicais e a insurgência de importantes facções sociais subalternas. Durante esses seis anos de reformismo regencial, o poder efetivo jamais escapou das mãos dos grandes escravistas, que controlavam parte substancial da Câmara dos Deputados e praticamente todo o Senado.

A descentralização

A Lei que normalizou as atribuições da Regência Trina, de junho de 1831, restringiu alguns dos poderes do Executivo. Ao contrário do imperador, os regentes não podiam dissolver a Câmara dos Deputados. A dispensa dos oficiais e das tropas militares estrangeiras e a formação da Guarda Nacional, em 1831, debilitou o poder central e fortaleceu o dos grandes proprietários. As novas tropas militares - Guarda Nacional - eram formadas sobretudo de capangas e agregados dos grandes senhores de terra e de escravos. Com o Ato Adicional à Constituição, de 12 agosto de 1834, alcançava-se o máximo da descentralização de todo o período monárquico. A seguir, mais uma vez, retornaram vitoriosas as tendências centralizadoras.

O Ato Adicional aumentou, ainda que restritamente, a autonomia das províncias. Os Conselhos-Gerais Provinciais foram transformados em Assembléias Unicamerais. Os deputados provinciais eram eleitos, censitariamente, a cada dois anos, para uma legislatura anual de dois meses. Outra medida liberal e descentralizadora foi a dissolução do Conselho de Estado.

O historiador Manuel Maurício assinala o caráter elitista do regime eleitoral de então: dos 5 milhões de habitantes do Brasil, apenas 5 mil eleitores podiam votar e serem eleitos para as magistraturas supremas. O presidente provincial possuía extensos atributos e continuava sendo nomeado pelo Poder Executivo central. Portanto, o poder administrativo regional permanecia centralizado na Corte.

A maior autonomia provincial era contrabalançada pela diminuição da autonomia municipal. O Ato Adicional de 1834 criava a *Lei dos Prefeitos*. Até então, as funções administrativas e judiciárias municipais eram executadas pelos Juízes de Paz. Eles e os vereadores eram eleitos pelos homens bons do município. Ao contrário, os prefeitos eram nomeados pelo presidente da província. Nos anos seguintes, seria muito intensa a disputa política em torno dessa lei e de sua regulamentação.

Lutando pelo deposto

Nos primeiros anos da Regência, os liberais radicais promoveram levantes de tropas, movimentos rebeldes e deposições de presidentes de província em diversas regiões do país. Também se sublevaram os que lutavam pelo retorno de dom Pedro I. Os primeiros movimentos liberais foram dominados sem maiores esforços, destacando-se na repressão o ministro da Justiça e a seguir regente Padre Diogo Feijó e o oficial Luís Alves de Lima e Silva, futuro barão e duque de Caxias.

De maior significado foi a chamada Guerra dos Cabanos, que teve como cenário as Alagoas e parte dos territórios pernambucanos. Inicialmente movimento restauracionista, que se mobilizava pela volta de Pedro I, com a incorporação de agricultores pobres, trabalhadores escravizados fugidos e nativos aculturados, a Guerra dos Cabanos assumiu um conteúdo camponês, libertário e coletivista. Foi com dificuldade que as forças repressivas enviadas pela Regência conseguiram debelar, em 1835, após a morte de dom Pedro, esta verdadeira guerra civil.

A situação de generalizada agitação em que vivia o país ensejou o Ato Adicional de 1834. Ele constituiu, como vimos, uma tentativa de acordo do bloco dominante no poder com as facções liberais regionais moderadas. Se bem que as concessões mostraram-se tímidas, mas serviram para restabelecer parcialmente a aliança entre as oligarquias do Sudeste e as classes proprietárias do resto do país, o que debilitou as forças liberais e federalistas regionais. Também fez parte do projeto de reaproximação oligárquica dos setores liberais a transformação da Regência Trina em Regência Una e a eleição direta do regente.

A eleição do regente pelo voto das elites constituiu uma experiência verdadeiramente *presidencialista* no contexto de um regime monárquico. O padre Diogo Feijó, que se destacara por seu autoritarismo como ministro da Justiça, foi eleito regente em setembro de 1835. A eleição de Feijó não foi gratuita. Natural de São Paulo, sua vitória representava o desejo de *ordem* dos grandes proprietários e a dominação do Sudeste sobre o Brasil.

Insurgência e liberalismo

A frustração dos setores liberais e federalistas e a continuidade da crise econômica e financeira ensejaram a eclosão de três grandes movimentos provinciais, que chegaram a ameaçar a unidade do país e a hegemonia do Sudeste: a Cabanagem, a Balaiada e a Revolução Farroupilha. As duas primeiras rebeliões foram inicialmente movimentos dirigidos por grupos liberais radicais. Com a incorporação de facções das classes subalternas, as rebeliões terminaram, como no caso da Cabanada, assumindo um caráter de acirrada luta de classes e questionando, nos fatos, a própria instituição escravista. O ingresso das classes subalternas na cena política determinou que as camadas sociais intermediárias e as oligarquias regionais abandonassem rapidamente os movimentos liberais provinciais. Nos fatos, as elites e os setores médios regionais preferiram vestir a canga do centralismo da Corte a se aliarem aos setores subalternos e colocarem em perigo a ordem escravista.

A Cabanagem iniciou-se na província do Grão-Pará, na Amazônia, em 1835 e prolongou-se até 1840. Nessa região, os lusitanos continuavam a manter, apesar da Independência e da Abdicação, uma situação de quase monopólio sobre as atividades comerciais e agroexportadoras. As principais atividades econômicas da província eram a agricultura de exportação e o extrativismo de *drogas das florestas*, que atravessavam sérias dificuldades na época. Os senhores diminuíam suas dificuldades aumentando a espoliação da mão-de-obra escrava e semi-servil: escravos negros, caboclos e indígenas. Com a morte de Pedro I, o *partido lusitano/restaurador* aliou-se ao grupo liberal moderado reunificando solidamente as forças oligárquicas da região. O grupo liberal radical era formado por facções proprietárias dissidentes e, principalmente, por setores sociais intermediários - jornalistas, baixo clero, advogados, professores, pequenos comerciantes.

Os liberais eram geralmente brasileiros natos e não poucos possuíam sangue africano ou indígena nas veias. Era grande o número de portugueses *puros* entre os conservadores. A insurgência iniciou-se em Belém com o julgamento pelos liberais radicais do presidente da província e com o domínio *popular* da capital provincial. Com a crescente intervenção dos setores subalternos - sobretudo da população de origem indígena - o movimento tomou um conteúdo marcadamente social e racial, o que contribuiu para a reaproximação das facções senhoriais em luta. Elas temiam sobremaneira a unificação das massas exploradas em um movimento autônomo. A Cabanagem foi derrotada, em 1840, após exigir grande esforço militar das tropas regenciais.

Revolução senhorial

O movimento Farroupilha (1835-1845) jamais escapou das mãos das elites gaúchas. Da base agropastoril da economia da província de São Pedro do Rio Grande do Sul originara uma sociedade em que o trabalhador escravo desempenhava, em relação às outras grandes províncias, um papel menor. O movimento iniciou-se em 1835 e manteve-se, com altos e baixos, restrito à zona sul da província. Os grandes centros mercantis (Porto Alegre e Rio Grande) e o pólo escravista da província (o município de Pelotas) jamais aderiram ou foram controlados por longo tempo pelos rebeldes. Uma direção senhorial homogênea levou à proclamação da República Rio-Grandense em 11 de setembro de 1836 e permitiu a maior duração do movimento. Também no Sul, o medo da insurgência escrava serviu como trava às reivindicações das elites regionais.

No final do movimento, boa parte das tropas farroupilhas era composta de escravos livres para lutarem contra o Império. A sorte dessa tropa dificultou a pacificação da província. O Império se negava a reconhecer a liberdade aos soldados negros, como exigiam alguns líderes farrapos, dentre eles Bento Gonçalves. A solução do problema foi patética. Segundo o historiador gaúcho Moacyr Flores, em novembro de 1844, o general farrapo David Canabarro desarmou a infantaria negra, e as tropas imperiais atacaram e massacraram centenas de ex-escravos. Esse acontecimento ficou conhecido como a Infâmia de Porongos. Mais tarde, muitos soldados negros farrapos foram levados para o Rio de Janeiro e vendidos como escravos.

Na Bahia, que vinha conhecendo desde a primeira década do século importantes movimentos servis, influenciados por movimentos sociais ocorridos na própria Africa Negra e pela revolução escrava do Haiti, explodiu prematuramente na noite de 24 de janeiro de 1835, talvez a mais importante insurreição escrava urbana da história da América escravista, o que atemorizou profundamente as já intranqüilas classes senhoriais brasileiras.

Volta ao início

O Padre Diogo Feijó renunciou em 18 de setembro de 1837. Pedro de Araújo Lima, Marquês de Olinda, regente interino, organizou um ministério marcadamente anitiliberal com representantes dos grandes proprietários das províncias do Rio de Janeiro, São Paulo, Bahia e Minas Gerais. O gabinete de Araújo Lima sancionava a reunificação dos *restauradores* e dos *liberais moderados* em torno de uma política centralizadora, antifederalista e antiliberal.

O novo bloco político, que mais tarde formou o *partido conservador*, pôs fim a todo e qualquer ensaio de repressão ao tráfico transatlântico de escravos e promoveu a Lei Interpretativa do Ato Adicional. Esta lei, proposta em 1837 e aprovada em 1840, aumentou o poder do governo central e permitiu, no ano seguinte, a Reforma do Código do Processo Civil, entregando funções policiais e judiciárias a delegados e a juízes municipais nomeados pelo Poder Central. A Reforma garantiria, nas décadas seguintes, que as eleições fossem sempre vencidas pelos partidos no governo.

Os grandes proprietários pronunciavam-se claramente por um regime centralizador e autoritário como a melhor forma de defesa da ordem escravista nacional. O período regencial de Araújo Lima encerrou as tentativas de acomodação dos grandes escravistas, sobretudo os do Sudeste, com as forças federalistas e liberais regionais. Em um sentido estrutural, tomava corpo a aliança social que governaria o país até a República.

Como resposta à guinada antiliberal e centralista, eclodiu em 1838, no Maranhão e no Piauí, o movimento registrado pela história com o nome de Balaiada, que finalizaria apenas em 1841. Na região reinava a mesma distensão entre os liberais moderados no governo (cabanos) e os liberais radicais (bem-te-vis). Com o novo contexto político, os liberais deflagraram uma rebelião armada que em poucos meses assumiu igualmente um marcado cunho *popular*. A importância da agricultura escravista e da economia agropastoril da região fez com que os *vaqueiros*, pequenos proprietários, posseiros, escravos e quilombolas interviessem no movimento de forma não coordenada.

O medo do negro

Também no Maranhão e Piauí, o medo crescente da rebeldia e da organização dos oprimidos levou o *partido senho-*

rial dissidente a reprimir suas reivindicações de autonomia e a aceitar a hegemonia do Sudeste. O fim da Balaiada foi conquistado com a concessão de uma ampla anistia aos homens livres e pobres sublevados e com o massacre implacável dos quilombolas insurretos. Dom Cosme, o importante chefe do movimento, foi preso e executado.

A reação conservadora foi transitoriamente afastada do governo, em julho de 1840, com o golpe liberal que pôs fim à menoridade e elevou dom Pedro II à chefia do Executivo com apenas 15 anos. O gabinete liberal durou apenas oito meses. Em março de 1841, os conservadores retornaram ao poder por três meses. A partir de então, dom Pedro II, lançando mão das extensas atribuições que lhe conferia a Constituição, apoderou-se firmemente das rédeas do Poder Executivo e inaugurou um longo período de governo pessoal que se desenvolveu no contexto de uma alternância formal de ministérios conservadores e liberais.

O último movimento liberal anticentralista foi a Revolução Praieira, em Pernambuco, nos anos de 1848-1849. Seu fim assinalava a estabilização política nacional. O longo período de *tranqüilidade* política do Segundo Reinado deveu-se fundamentalmente ao dinamismo da economia cafeicultora e ao fato de Pedro II ter se mantido, por longos anos, como o principal intérprete dos grandes proprietários e comerciantes de escravos.

O desenvolvimento da cafeicultura fluminense, e posteriormente de São Paulo e Minas Gerais, tornaria os escravistas do Sudeste a classe nacionalmente mais dinâmica, repousando a dominação política sobre a hegemonia econômica. Assustados com a insurgência das classes subalternas, os grandes proprietários de todo o Brasil submeteram-se ao Sudeste para não deixarem a escravidão em perigo. Até a abolição da escravatura, em 1888, o bloco social nacional dominante apoiou-se na aliança/submetimento dos proprietários das províncias à facção dos cafeicultores escravistas do Sudeste.

Capítulo 9

Vida Urbana no Brasil Escravista

A vida urbana nas cidades coloniais e imperiais escravistas e a desescravização

No Brasil escravista, o mundo urbano subordinava-se ao rural. Mesmo as grandes aglomerações cumpriam apenas funções administrativas, sociais e comerciais acessórias. Durante o período Colonial, as cidades eram habitadas permanentemente por alguns poucos funcionários, civis e militares; oficiais mecânicos; comerciantes, dentre outros. Era pequena a população trabalhadora livre e vivia-se com mais conforto no mundo rural do que nas cidades. Os amos residiam nas fazendas e ocupavam as residências urbanas apenas em ocasiões especiais, como em eleições, festas religiosas, entressafra.

A vida das cidades baseava-se no trabalho e no esforço do cativo. As ruas, praças, chafarizes, residências, igrejas, mercados e edifícios públicos eram construídos por trabalhadores escravizados, dirigidos por homens livres, em geral, mestres-de-obra portugueses. As construções e as próprias matérias-primas produzidas pela mão-de-obra servil eram rústicas e simples.

As moradias e outras construções urbanas e rurais possuíam grossas paredes de adobe, pau-a-pique e taipa de pilão. As obras mais importantes eram levantadas com pedras, tijolos, cal e barro. Construía-se sobretudo durante a entressafra e nos momentos de marasmo econômico, quando os trabalhadores escravizados encontravam-se inativos. Era comum que os amos cedessem seus cativos para a construção e conservação das obras públicas. Senhores construíam com seus escravos moradias de aluguel.

Ao contrário da Coroa espanhola, a lusitana pouco regulamentou e a organização das aglomerações brasileiras. As cidades coloniais eram simples, rústicas e uniformes em relação ao plano urbanístico, à ocupação dos lotes urbanos, às residências, ao traçado das ruas e praças. As moradias assemelhavam-se a grandes tijolos, maciços e retangulares. Em geral, essas construções eram caiadas e construídas - parede lateral contra parede lateral, o que aumentava a estabilidade - com praticamente os mesmos materiais, as mesmas dimensões, as mesmas fachadas e a mesma altura. A forte impressão de monotonia e concentração das cidades era aumentada pela ausência de jardins domésticos e de árvores nas ruas e praças. Em meados do século XIX, um engenheiro francês afirmaria: "(...) quem viu uma casa brasileira, viu quase todas."

A unidade, uniformidade e monotonia arquitetônicas urbanas espelhavam e sintetizavam a unidade, uniformidade e solidariedade dos escravistas e de seu mundo simples, autoritário, rígido, rústico. Senhores autoritários e trabalhadores brutalizados e reprimidos eram os pólos dominantes do mundo escravista. A idéia de concentração urbana fortalecia o sentimento de segurança e de

Escrava de vendedora e velho cativo.

poder dos amos. Servia de contraponto ao mundo rural, onde os senhores viviam isolados em meio a multidões de cativos.

Desalinho urbano

Na colônia, as ruas raramente tinham o alinhamento de hoje. Desalinhadas, as residências, uma ao lado da outra, delimitavam os caminhos urbanos, de traçado e largura irregulares. As ruas, desniveladas, esburacadas, sem calçamento, eram percorridas por transeuntes, a pé ou montados, e, mais raramente, por carretas e carroças. Cativos especializados carregavam mercadorias e senhores. As casas comerciais eram raras. Mais tarde, alguns logradouros especializaram-se no comércio e tornaram-se local de concentração populacional.

Nos últimos tempos da colônia, as aglomerações urbanas começaram a adquirir um caráter mais *europeu*. Este processo acelerou-se com a vinda da Famíla Real para o Brasil em 1808. As ruas principais e as ladeiras mais íngremes foram calçadas e, mais tarde, iluminadas. As Câmaras Municipais legislavam sobre o alinhamento, nivelamento, largura e calçamento das ruas. Determinavam o que era permitido e proibido fazer em meio urbano. O calçamento citadino era muito rústico. Cativos fincavam pedras em toda a largura das artérias urbanas. Elas podiam possuir um canalete central para o escoamento das águas pluviais. As calçadas surgiram para separar o tráfego de pedestres e de veículos.

Inicialmente, as praças não se destinavam ao lazer e à socialização cotidianas. Esses terrenos não-pavimentados e não-arborizados, nos centros das aglomerações urbanas, eram construídos especialmente para atividades públicas, tais como o mercado, as procissões, as festas, as concentrações militares. Era comum que animais domésticos pastassem, soltos à noite, nos logradouros públicos e nas praças, ainda que as posturas municipais procurassem coibir esses excessos.

As praças centrais assinalavam a região geograficamente mais nobre das aglomerações. A igreja, a casa da Câmara, a cadeia, a prisão, as principais residências senhoriais eram erguidas em torno dela. As casas senhoriais mais ricas localizavam-se igualmente nas esquinas do centro. Em geral, o pelourinho, símbolo da autonomia e dos direitos das posturas municipais, levantava-se também na praça central. Ao seu pé, negros eram castigados e executados.

Ruas, praças e quarteirões ocupavam o espaço urbano. Os quarteirões formavam lotes de uns 10 metros de frente por 3 ou 4 metros, ou mais, de fundos. As casas térreas e os sobrados eram construídos, nos limites frontais dos lotes, sobre o alinhamento das ruas. Sem jardins, as residências ocupavam os três limites do terreno. Nos fundos, localizava-se um grande quintal, que possuía funções essenciais para a economia doméstica urbana. O *miolo* das quadras era ocupado apenas pelos espaços semivazios dos quintais, com algumas precárias construções acessórias: cozinhas, latrinas, dormitórios, galpões etc. Os quintais possuíam igualmente pequenas hortas e pomares.

O Brasil colonial desconheceu um amplo quadro administrativo. Mesmo os maiores centros urbanos não possuíram *vida de Corte* ou residências principescas. Além de alguns palácios, quartéis, conventos e igrejas, os lusitanos foram pródigos na construção de edifícios-modelo. Pequenos e grandes sobrados erguiam-se, lado a lado, *democraticamente*. As ricas residências dos grandes escravistas reproduziam, em escala maior, as pequenas e médias construções.

Sobrados senhoriais

Os amos moravam sobretudo em sobrados providos, em geral, de dois pisos. Havia também sobrados de mais andares. Em Recife, muito estreitos, eles podiam ter até cinco pisos. Os sobrados mais simples possuíam duas peças por andar, iluminadas e arejadas pelas portas e janelas frontais e posteriores. O pé-direito das peças ultrapassavam muitas vezes os 4 metros de altura, o que assegurava um ótimo refúgio contra o calor do verão. Havia sobrados com pé-direito acanhado, especialmente nos andares residenciais.

Comumente o andar térreo era constituído de duas grandes peças: a dianteira, que dava para a rua, era utilizada como loja, oficina, depósito, estrebarias; a posterior, que se comunicava com o quintal, servia como local de trabalho, cozinha, dormitório de escravos. O piso térreo era de chão batido, de laje ou de pedra dura. Por motivos óbvios, o andar térreo era comumente enfestado de ratos e de outros parasitas domésticos.

O segundo andar tinha destinação mais nobre. Mais protegido, arejado e iluminado, ele se destinava à família senhorial. Um assoalho de longas tábuas garantia-lhe uma melhor proteção contra a umidade e os parasitas domésticos. A sala da frente, destinada à vida social, possuía janelas, balcões e sacadas. A peça posterior, mais protegida, era reservada às mulheres. Os dormitórios senhoriais – as alcovas –, sem iluminação ou aeração direta, ficavam entre a sala da frente e a peça posterior. Seu recolhimento (não se comunicava diretamente com a rua e o quintal) protegia os senhores contra atentados servis.

O caráter pesado, monolítico, retraído sobre si mesmo, do sobrado urbano colonial correspondia às necessidades ideológicas e habitacionais as elites escravistas. Expressava, simbolicamente, o poder despótico dos patriarcas sobre seus escravos e sobre sua família. A rígida divisão entre o andar térreo, destinado ao público e aos escravos, e o superior, reservado à família, respeitava a radical separação de classes da escravidão. A falta de continuidade entre o espaço interior e doméstico e o exterior e público conferia uma característica autoritária aos sobrados senhoriais. Eles eram desprovidos de áreas intermediárias, como jardins e alpendres, que permitissem um

Sobrado neoclássico no Rio de Janeiro.

contato mais fácil e mais *democrático* entre a rua e a residência.

Logo as posturas municipais proibiram as coberturas de palha nas residências urbanas, devido ao perigo de incêndios. Em geral, as coberturas em *duas águas* – uma para a rua, outra para o pátio – eram de telhas-canal (colonial). Seus beirais projetavam-se sobre a rua. Como não possuíam calhas, as águas das chuvas escorriam para a rua e para o quintal. Nos sobrados senhorias mais ricos, *cachorros* de madeira trabalhada enfeitavam os beirais. As fachadas, geralmente caiadas, eram sóbrias. Uma ou mais janelas térreas localizavam-se à esquerda e à direita da porta de principal, harmonicamente distribuídas.

Maior atenção estética era dada à porta de entrada e à fachada. As portas e janelas eram de pedra ou de madeira. As vergas – peças que repousam sobre as ombreiras das portas e janelas – eram retas ou levemente arqueadas (de arco abatido). Mesmo nos sobrados mais ricos, as pesadas janelas eram fechadas com madeira – as conhecidas folhas cegas –, já que os vidros eram muito caros e raros. Como veremos, os vidros se tornaram habituais somente após a Revolução Industrial, que banalizou sua produção, e a Independência, que generalizou sua importação. Falsos balcões, ou balcões de ferro fundido, assinalavam o maior *status* do andar superior.

Fundamentos sólidos

Ao pé da fachada dos sobrados era construída uma estreita calçada, em pedra, de uns 25 centímetros. Ela não se destinava aos transeuntes, mas servia para impedir que as águas das chuvas, caídas pelos beirais, infiltrassem e minassem os fundamentos das residências. Um corredor térreo unia a entrada ao quintal. Uma escada interior ligava o andar térreo ao piso superior. Como assinalamos, os quintais dos sobrados tinham funções domésticas essenciais. Sua ausência era fonte de grandes inconvenientes. Eles forneciam produtos que abundavam no meio rural, nas fazendas, mas eram escassos ou difíceis de obter em meio urbano. Os quintais possuíam galinheiros, despensas, pequenas hortas, árvores frutíferas, poços, monturos, latrinas.

A cozinha localizava-se nos fundos do andar térreo ou em uma construção precária, puxado ou galpão, encostada à residência. Na casa portuguesa, a cozinha era o coração da residência, o local onde a família se reunia à noite, após os trabalhos. O próprio nome da pedra onde se acendia o fogo terminou como sinônimo de casa doméstica: *lar*. No Brasil, a expulsão da cozinha do corpo principal da moradia permitiu que os negros e negras cozinheiros fossem afastados do convívio contínuo com seus senhores.

Nas aglomerações coloniais, eram escassas as casas comerciais que fornecessem produtos e serviços necessários à vida citadin-a – *padarias*, *açougues*, *armazéns*, *albergues*. Serviços públicos como abastecimento de água, iluminação, esgotos, transporte público eram praticamente desconhecidos. Esses produtos e esses serviços eram geralmente produzidos e fornecidos pelos trabalhadores escravizados. Os senhores abasteciam-se comumente em suas quintas suburbanas ou em suas fazendas distantes. As elites senhoriais dividiam-se entre o conforto do mundo rural e a crescente importância - política, social e cultural - da vida citadina.

Na periferia das cidades, as chácaras permitiam aos amos o conforto das fazendas. Elas dispunham de abundante escravaria que trabalhava nos pomares, hortas e plantações e em pequenas criações de animais, produzindo leite, legumes, cereais, tubérculos, animais de corte. Poços e arroios forneciam a água, geralmente escassa ou de difícil obtenção. Nas pastagens, os animais asseguravam o transporte ou a carne consumida. Os proprietários mais ricos moravam nas chácaras e possuíam residências urbanas, estas utilizadas em ocasiões especiais. As chácaras eram igualmente uma fonte de renda para seus proprietários, já que forneciam os produtos que as aglomerações urbanas necessitavam.

Os amos moravam nos sobrados. Os homens livres e pobres - artesãos, libertos e pequenos comerciantes - habitavam casas térreas, pequenas e simples. Elas eram erguidas, como os sobrados, sobre o alinhamento da rua, com os mesmos materiais e com a mesma mão-de-obra que levantava as residências senhoriais. As moradias térreas mais simples possuíam duas peças, uma porta e duas janelas na fachada.

Escravos domésticos

Eram muito abundantes os trabalhadores escravizados domésticos. As moradias senhoriais mais ricas possuíam verdadeiras multidões de cativos - porteiros, cocheiros, cozinheiros, copeiros, lavadeiras, engomadores, pajens, amas-de-leite, mucamas. Esses cativos realizavam tarefas específicas e resistiam em trabalhar em atividades que não fossem suas. Nas moradias remediadas, apenas alguns negros esforçavam-se em todas essas funções e tarefas. As famílias de pouco recursos procuravam ter, ao menos, um cativo, mesmo que fosse um moleque de pouco preço ou uma negra velha imprestável. Não ter escravos era sinal de miséria e degradação social. Uma família perdia *status* se um de seus membros fosse visto carregando mesmo um pequeno pacote pelas ruas.

Nem mesmo os grandes centros urbanos litorâneos dispunham de serviços hidráulicos. A obtenção da água – para beber, cozinhar, para a higiene pessoal – exigia grande esforço dos cativos domésticos, para trazê-la das ruas, levá-la para as cozinhas ou colocá-la à disposição dos senhores. Quando as residências não dispunham de poços em seus quintais, a água era buscada pelos cativos nos poços, nas cacimbas e chafarizes públicos, nas lagoas, rios e arroios mais próximos. As fontes públicas eram geralmente policiadas devido ao fato de serem locais de constantes desavenças entre os trabalhadores negros, apressados em obter a água para seus amos. Era também comum que aguadeiros negros vendessem pela cidade a água transportada em pequenos tonéis, em carroças puxadas por burros ou nas costas desses animais.

Pés limpos

Após as refeições, cativos domésticos ofereciam toalhas, bacias e jarras com água para que senhores e convidados lavassem as mãos. A higiene pessoal era realizada nos dormitórios com a ajuda de escravos domésticos. Para tal, os senhores serviam-se de lavatórios, bacia, jarras e toalhas. Felizmente para eles, senhores, sinhás e sinhazinhas se lavavam com grande parcimônia. Os portugueses eram arredios aos banhos diários. Esse hábito foi introduzido no Brasil pelas africanas e nativas encarregadas de cuidarem dos *sinhozinhos* e *sinhazinhas*, a quem banhavam sempre que podiam, algumas vezes escondidas dos amos. Os raros banhos senhoriais de corpo inteiro eram tomados em tinas e, mais tarde, em baciões de cobre ou de folha de flandres. As águas eram aquecidas e trazidas, em jarras, da cozinha e transportadas até os dormitórios.

As cidades não possuíam redes de esgoto ou serviços de coleta de lixo. Os cativos urbanos despejavam as águas servidas nos quintais e nas ruas. A evacuação dos dejetos pessoais era mais complexa. Algumas rústicas latrinas eram levantadas nos quintais. Elas destinavam-se sobretudo à criadagem. De dia e de noite, os amos utilizavam os urinóis. Inicialmente, eles eram despejados nos quintais em buracos chamados pelos africanos de *kabungos*. A seguir, passaram a ser esvaziados em vasos de ferro providos de tampas – os cabungos, cubas ou tigres. Os cabungos eram guardados debaixo das escadas dos sobrados ou em pequenas casinhas, nos quintais. Cativos domésticos ou negros *cabungueiros* dedicados a tal tarefa despejavam as cubas repletas em arroios ou lagoas próximos às cidades. As posturas municipais puniam com açoites os cativos que despejassem os cabungos e o lixo doméstico nas ruas ou nos baldios urbanos. Bem mais tarde, organizou-se um serviço de coleta por grandes carroças que substituíam os tigres repletos por outros vazios, como os atuais caminhões de distribuição de gás doméstico.

Eram múltiplas e infindáveis as tarefas dos cativos domésticos. Eles deviam beneficiar e preparar os alimentos. Animais domésticos como porcos, carneiros, galinhas, comprados vivos, eram abatidos e preparados nas cozinhas e nos quintais. Os grãos de café eram queimados e moídos. Os feijões deviam ser escolhidos; o leite, fervido. As farinhas, amassadas e cozidas. O pão – de milho, de fubá, de centeio – era preparado, muitas vezes, nos quintais, em imponentes fornos, onde também se preparavam as galinhas, os leitões etc.

Para todo o ano

Na estação das frutas, sob o comando autoritário das senhoras, os trabalhadores escravizados corriam, sem parar, nas cozinhas e nos quintais, colhendo, limpando e preparando as frutas para a produção de tachadas de goiabada, marmelada, figada. Assim, os frutos da época eram conservados e consumidos durante todo o ano. Produtos – hoje em desuso ou comprados prontos – eram confeccionados artesanalmente pelos cativos: tecidos rústicos, sabões, velas, cigarros, goma, cola. Parte dessa produção podia ser vendida nas ruas pelos escravos e escravas domésticos.

Eram infindáveis as obrigações dos cativos domésticos. As longas e irregulares tábuas dos assoalhos eram esfregadas com areião, penosamente. Os rústicos fogões eram alimentados à lenha, que devia ser trazida das proximidades da cidade, comprada no mercado, adquirida de vendedores ambulantes. A lenha devia ser picada e preparada. Nas regiões frias, em épocas invernais, devia-se produzir o carvão que alimentava os braseiros. Era muito comum na Colônia e no Império que as residências senhoriais possuíssem cozinheiros e não cozinheiras, talvez devido ao fato de as tarefas da cozinha exigirem também força física.

Em locais apropriados, cativas e cativos batiam contra tábuas ou surravam com pedaços de pau as roupas e panos que deviam ser lavados. As peças eram posteriormente remendadas, passadas, engomadas. Os ferros de passar eram aquecidos em brasas; os mais refinados levavam em seu bojo brasas ardentes. Muitas vezes, cativos e cativas *trabalhavam para fora* nessas atividades e entregavam a renda aos senhores.

Os negros e negras domésticos não descansavam nem mesmo ao cair da noite. Havia portas e pesadas janelas para fechar; velas, candeeiros e lampiões para acender; chás e refeições noturnas para preparar; lençóis para esquentar com ferros e pedras quentes; urinóis e escarradeiras de porcelana para despejar; braseiros para alimentar. Os cativos tinham que escaldar os pés dos senhores; despi-los; acomodá-los aos leitos; adormecê-los, e ainda vigiá-los durante o sono.

Finalmente exaustos, os cativos domésticos acomodavam-se como podiam em estreitos e insalubres dormitórios, nos andares térreos dos sobrados, nos porões das moradia, em construções de ocasião, nos quintais. Dormiam simplesmente sobre pelegos, esteiras, cobertores ou colchões nas cozinhas, despensas ou corredores. Era comum que cativos dormissem ao pé da cama dos amos ou contra a porta das alcovas senhoriais para proteger os senhores e as senhoras de ataques noturnos.

Monopólio servil

Muitos serviços urbanos eram verdadeiros monopólios servis. Entre eles, destacava-se o transporte de mercadoria e de pessoas. Os cativos urbanos transportavam também seus senhores. Na Colônia e nos primeiros tempos do Império, carregadores negros transportavam os amos em *cadeirinhas* e em *redes* pelas ruas das cidades e caminhos do interior. Nos portos, o desembarque e transporte de mercadorias e de passageiros – em escaleres, canoas, jangadas – era um outro monopólio servil. Inúmeros rios eram igualmente ultrapassados devido aos serviços de barqueiros escravizados.

Muitos cativos *ganhadores* – escravos que vendiam seus serviços e produtos pelas cidades – trabalhavam como carregadores. Em troca de uma relativa liberdade, diária, semanal ou mensalmente, os *ganhadores* deviam entregar uma renda fixa aos senhores – o *ganho*. Com o que obtivessem além do *ganho*, deviam se sustentar. Muitos deles conquistavam o direito de viver independentemente dos amos – *sobre si* – apesar das posturas municipais tentarem restringir ou proibir tal costume. Alguns *ganhadores*, já mais velhos, conseguiam juntar a soma necessária para comprarem a liberdade depois de anos de sacrifícios e economias; porém, no momento que obtinham a liberdade, descapitalizavam-se totalmente.

Os *ganhadores* podiam reunir-se em locais habituais – praças, ruas, esquinas – à espera de contratantes. Pela manhã, percorriam as ruas oferecendo água, leite, pão, café, galinhas, milho, alho, cebola, lenha. Os produtos eram expostos em vasilhames, cestos ou tabuleiros. As posturas municipais ordenavam que, após percorrerem as ruas e terem visitado os fregueses, os vendedores negros permanecessem em sítios especialmente delimitados. Eram açoitados e multados se parassem nas ruas, praças e esquinas. Ao ar livre, munidos de bacias, navalhas e tesouras, os *ganhadores* ainda cortavam o cabelo e faziam a barba de cativos e pobres livres. Nas portas de vendas, ofereciam poções, rezas, ervas e realizavam pequenas intervenções cirúrgicas. Nos mercados, expunham frutas, verduras, aves, cerâmica, cestaria sobre esteiras ou em pequenas barracas. Lindas cativas eram ricamente vestidas e enfeitadas por suas senhoras e obrigadas a venderem o corpo, como *ganhadoras*. Cativas serviam refeições econômicas preparadas em cozinhas de ocasião nas ruas e praças das cidades.

Nos campos e nas cidades, os senhores alugavam cativos a terceiros. Moleques eram enviados para aprender um ofício e, a seguir, eram alugados ou empregados como *ganhadores*. Cativas alugadas como amas-de-leite eram obrigadas a abandonar os filhos na "Roda dos expostos". Anúncios nos jornais do Império ofereciam para aluguel ou venda cativos de variadas habilidades.

Independência tranqüila

A transferência da corte portuguesa para o Brasil pôs fim ao período colonial. Em 1808, o Rio de Janeiro tornava-se a sede do império lusitano. A rústica capital devia ser adaptada às novas e dignas funções. O Brasil e, sobretudo, o Rio de Janeiro viveram importantes e profundas modificações.

A Família Real e seus 10 mil acompanhantes ocuparam as melhores moradias cariocas, abandonadas às pressas pelos proprietários enfurecidos. Residências foram reformadas. Prédios foram construídos. A presença da corte européia introduzia novos e mais *modernos* modismos no Brasil. A liberdade de comércio permitia que as mercadorias nacionais fossem mandadas diretamente para a Europa, com preços mais altos, e que os produtos estrangeiros chegassem mais baratos, mais variados e mais abundantes, sem passarem pelos portos portugueses.

Comerciantes estrangeiros recém-chegados vendiam novas e abundantes mercadorias – móveis, objetos domésticos, materiais de construção, vestimentas etc. Esses produtos e inovações refinavam superficialmente os antigos hábitos coloniais, extremamente rústicos. Como eles não transformavam a estrutura social escravista do país, sua adoção era apoiada e promovida pela Corte; mesmo porque as rendas do Estado e da Corte dependiam da tributação alfandegária do *export-import* de mercadorias. No Rio de Janeiro, dom João ordenou a substituição das rótulas, balcões e muxarabis dos sobrados coloniais pelas mais *modernas* janelas envidraçadas. Tal inovação era imensamente simpática aos comerciantes ingleses, que introduziam os vidros e outros materiais de construção no Brasil.

Com o barateamento do preço do vidro – devido à produção manufatureira européia e à liberdade de comércio –, os postigos e as folhas cegas das portas e janelas puderam ser substituídos. Desde então, portas e janelas podiam permanecer fechadas de dia, quando ventava ou chovia, sem que as residências caíssem na escuridão. O que também protegia o interior das moradias da poeira e dos insetos.

Os candeeiros e as velas foram igualmente substituídos por lampiões de mecha circular e manga de vidro importados, pondo-se fim ao império da luz do sol sobre a vida colonial.

Os novos lampiões iluminavam os saraus, refinando a vida cultural e social urbana, nos quais as sinhazinhas martelavam pianos e declamavam sonetos; iluminavam igualmente os tristes serões dos cativos.

Missão francesa

Em 1816, chegava ao Brasil a "missão cultural francesa", composta por um número significativo de pintores, músicos e arquitetos de qualidade, muitos deles liberais fugidos ou escorraçados pela Restauração, determinada pela derrota de Napoleão em 1815. A *missão francesa* fazia parte da política de *modernização* da ex-colônia promovida pela corte lusitana. Nessa época, o estilo neoclássico dominava as mais diversas formas de expressão artística na Europa. O mesmo ocorria em relação à arquitetura. O *estilo neoclássico* foi rapidamente introduzido, com sucesso fulgurante, no Brasil. A simplicidade rústica do *estilo colonial* foi substituída pela complexidade e pelo aristocratismo das estátuas, colunas, pilastras, frontões, platibandas, de inspiração greco-romana.

Magníficos prédios neoclássicos, projetados por arquitetos franceses e executados por artífices estrangeiros, foram levantados na Corte. Eles se equiparavam em beleza e dignidade às construções européias. As novas construções impressionavam profundamente os proprietários do interior que visitavam o Rio de Janeiro. Ao voltarem para suas regiões, eles reformavam suas moradias ou construíam novas, inspirados nos novos padrões arquitetônicos.

Com a Independência e, sobretudo, após 1831, os escravistas tornavam-se senhores de uma imensa nação. Não eram mais uma rústica classe de senhores coloniais. A nova arquitetura procurava expressar simbolicamente – para os senhores nativos, para os estrangeiros e para as classes subalternas – os princípios sobre os quais se pretendia edificar a nova sociedade, ou seja, o europeísmo, o aristocratismo e a unidade senhorial escravista.

O estilo neoclássico difundiu-se rapidamente por todo o Brasil. No interior, e mesmo na Corte, com escassos recursos, muitos senhores serviam-se dos materiais de construção tradicionais e da mão-de-obra escrava. Em geral, foi tão superficial a adoção das soluções e dos padrões arquitetônicos neoclássicos, que nos obriga a falar de um *neoclássico bastardo* ou *brasileiro*. Pode-se dizer que ela restringiu-se aos salões sociais e ao tratamento decorativo das fachadas: colunas, escadarias, platibandas e frontões. Nas reformas dos sobrados e casarões coloniais e nas novas residências, calhas importadas em profusão permitiram que os elegantes beirais coloniais fossem substituídos, rápida e economicamente, por platibandas, cheias ou vazadas. As platibandas eram enfeitadas com vasos, fruteiras e estátuas de louça, geralmente vindas do Porto. As figuras mi-

Acendedores de lampiões.

tológicas, as estações, as virtudes eram os principais motivos dessas estátuas.

Moradias urbanas

As janelas e portas das fachadas dos sobrados coloniais foram substituídas por outras, de vergas em semicircunferência, com bandeiras em ferro vazado ou vidro (simples ou colorido). Nas fachadas, frontões realçavam a entrada principal ou o centro do prédio. Falsas pilastras eram apenas delineadas sobre as fachadas. As construções neoclássicas eram pintadas em cores suaves – branco, rosa, azul-pastel.

Assim como a sociedade, a sala de estar, a cozinha, os dormitórios e os quintais permaneceram profundamente escravistas. A residência senhorial neoclássica era uma continuação da moradia colonial. A escravidão como base da produção social determinava essa profunda continuidade arquitetônica e vivencial. A residência funcionava apenas assentada sobre o esforço do trabalhador escravizado.

Em meados do século XIX, as cidades brasileiras viveram outras significativas modificações. A população urbana cresceu e especializou-se em relação aos tempos coloniais. Os proprietários rurais começaram a residir nas moradias urbanas e a visitar as fazendas apenas na época da safra. Sobretudo a cafeicultura escravista vivia em contínua expansão. A conjuntura econômica propícia permitiu a importação de novos materiais de construção, mais refinados. Os transportes fluvial e ferrocarril aprimoraram-se. Centenas de quilômetros de estradas de ferro ligavam os grandes centros cafeicultores ao litoral.

As ladeiras, ruas e praças começaram ser calçadas, mesmo nas cidades do interior. Como no Rio de Janeiro, difundiram-se os primeiros jardins públicos, protegidos dos animais e das classes subalternas por grades de ferro. Trabalhadores escravizados e negros livres não tinham permissão de adentrar esses recintos. Os logradouros públicos centrais lentamente se transformaram em lugar de convergência e de lazer das classes senhoriais. No centro das cidades, era igualmente negado aos negros o direito de caminharem sobre as calçadas e de passearem pelas elegantes praças, a não ser como trabalhadores ou acompanhantes.

As residências das elites conheceram igualmente importantes modificações. A generalização do uso de calhas e de condutores de água permitiu a construção de telhados complexos. A grande revolução no modo senhorial de viver foi a casa de porão alto, levantada ainda sobre o alinhamento da rua. Um porão semi-elevado, com até 2 metros de altura, permitiu elevar e assoalhar o andar do prédio, que passou a ser habitado pelos senhores. Uma escada com alguns degraus ligava a residência à rua.

Um só piso

O porão era ventilado por aberturas protegidas com grades de ferro. Quando *habitável*, destinava-se aos cativos, aos empregados, à despensa e às atividades domésticas. Portanto, diminuíam as funções e a importância dos quintais.

O interior das moradias sofreram modificações fundamentais. As residências mais ricas possuíam salas de recepção, saletas de música, capelas, escritórios. As portas, paredes e forros da área social da residência podiam ser pintados. As janelas das peças sociais que davam para a rua eram ornadas com elegantes cortinas e, muitas vezes, com balcões de ferro fundido.

As peças dianteiras, protegidas da indiscrição das ruas por uma maior elevação, tinham funções sociais. As intermediárias, ao contrário, mais independentes, eram destinadas às atividades e à convivência familiar, como refeições, estar, dormitório. A cozinha e a nova casa de banho localizavam-se nas peças posteriores, próximas ao quintal, desqualificadas social e decorativamente.

A casa de porão elevado conheceria uma outra revolucionária inovação ao recuar lateralmente em relação ao lote urbano. Inicialmente esse recuo era feito apenas de um lado. O outro, quando se afastava, fazia-o minimamente. Isso permitia melhor iluminação, ventilação e acesso exterior às diversas dependências. Nas residências mais refinadas, o recuo lateral permitia pequenos e elegantes jardins e entradas laterais.

As novas construções assinalaram o fim da uniformidade residencial e arquitetônica dos tempos coloniais. As mais ricas residências distinguiam-se pelas soluções arquitetônicas, pelo decorativismo, pelo número e funções das peças e não apenas pelo tamanho. Em geral, as paredes eram grossas e pesadas e o acabamento, rústico, mas usava-se papel de parede importado para esconder as imperfeições do acabamento Mesmo nas moradias menos luxuosas, todos os cômodos passaram a ser iluminados e ventilados diretamente. Apesar desses avanços, era ainda praticamente impossível viver com conforto nas cidades sem uma abundante e especializada criadagem servil.

A partir de 1870 as cidades brasileiras viviam um radical processo de desescravização. Em 1850, devido às pressões do governo inglês, o tráfico transatlântico de escravos em direção ao Brasil foi interrompido. Nos anos anteriores, prevendo o fim da importação de trabalhadores escravizados, os comerciantes importaram grandes carregamentos de africanos e africanas. A produção cafeicultuora necessitava de crescentes quantidades de cativos. Ao esgotarem-se os estoques preventivos, o preço do escravo disparou. Em todo o Brasil, os cativos urbanos e rurais, empregados em atividades econômicas menos rentáveis, começaram a ser vendidos aos cafeicultores. Isso porque, sobretudo no Nordeste e no Norte, uma crescente população de homens livres, miseráveis, muitas vezes expulsa dos sertões pela seca e pela falta de terras, começava a ser obrigada a oferecer sua força de trabalho por salários ínfimos, formando assim um verdadeiro *exército rural de reserva* de desempregados. Nas províncias cafeicultoras, para facilitar e acelerar a transferência dos cativos urbanos para as plantações, os cafeicultores apoiaram leis municipais e provinciais que taxavam os trabalhadores servis urbanos.

Com a carência de cativos, começa a faltar o infatigável negro urbano que vivia buscando, trazendo, levando, transportando, carregando, abanando, cozinhando. Com isso, as cidades brasileiras *modernizaram-se* relativamente ao se *desescravizarem*. Serviços urbanos nasceram ou se desenvolveram. Foram construídos os primeiros esgotos, as primeiras redes hidráulicas e de distribuição de água, os primeiros sistemas de transporte público de passageiros e de mercadorias com bondes puxados a mulas. Anos antes de sua extinção nos campos, a escravidão assumia um papel secundário nas cidades.

Capítulo 10

Império do Café

A gênese da cafeicultura escravista e o fim do tráfico legal

Na primeira metade do século XVIII, o café foi plantado primeiramente no Maranhão. Introduzido no Rio de Janeiro por volta de 1770, começou a ser cultivado nas encostas dos morros vizinhos à Corte como planta exótica, para abastecer um pequeno consumo local, somente no início do século XIX. Dali, os cafezais avançaram serra-acima em direção ao norte. Conta Stanley J. Stein, no clássico *Grandeza e decadência do café*, que

> o arbusto se adaptou tão bem à topografia, ao solo e ao clima que sua cultura se estendeu rapidamente, primeiro, à beira das estradas já usadas pelas tropas que viajavam entre os centros da mineração de Minas Gerais e a Capital, e, mais tarde, ao longo do Vale do Paraíba.

De 1817 a 1820, as exportações anuais médias de café elevaram-se a 5.500 toneladas. De 1826 a 1829, elas chegaram a 25 mil toneladas. O surto cafeicultor daria origem à soberba e poderosa classe fluminense dos barões do café, que sustentou a retomada das práticas centralizadoras e antiliberais subseqüentes à renúncia do padre Diogo Feijó. O dinamismo da produção cafeicultora escravista assegurou a primazia econômica ao Sudeste e o financiamento de grande parte dos gastos estatais, garantindo a hegemonia política nacional dos grandes escravistas da região e a estabilidade do Segundo Reinado.

A partir de meados do século, ocupado o vale do Paraíba do Sul, os cafezais espalharam-se pelo Centro-Oeste de São Paulo, pelo Sul de Minas e pelo Espírito Santo. Durante este primeiro período, o Rio de Janeiro funcionou como o grande porto exportador de café. Nos últimos anos do Império, com o declínio da produção fluminense, os barões do café foram obrigados a ceder a liderança econômica e política aos cafeicultores paulistas, o que influenciou profundamente as decisões governamentais durante a crise da escravidão e da transição do trabalho escravo ao trabalho livre.

Tabela I: *Produção brasileira de café (1821-1900)*.*

Anos	Produção	Anos	Produção
1821-1830	0,3	1861-1870	2,9
1831-1840	1,0	1871-1880	3,6
1841-1850	1,7	1881-1890	5,3
1851-1860	2,6	1891-1900	7,2

Fonte: Cf. SILVA, Sérgio. *Expansão cafeeira e origens da indústria no Brasil.* São Paulo: Alfa-Ômega, 1976. p.49.
*Em milhões de sacas.

Bebida popular

O surto cafeicultor brasileiro deveu-se a fenômenos diversos. Com a Revolução Industrial, o café tornou-se a bebida das grandes massas operárias e de amplos setores sociais intermediários. A contínua expansão dos mercados consumidores norte-americanos e europeus (Grã-Bretanha, França e Alemanha, principalmente) financiaram o crescimento da produção brasileira quase sem interrupção. As condições geoclimáticas favoráveis ao plantio do café foram essenciais à sua expansão produtiva. Sobretudo nos primeiros tempos, a existência de uma ampla população escravizada, subutilizada desde o início da crise da mineração, foi igualmente outro fator determinante para o sucesso da economia cafeicultora.

Como o algodão para os Estados Unidos, o café fez renascer o escravismo brasileiro. As primeiras plantações organizaram-se com o aporte de capitais do setor mercantil do Rio de Janeiro, a doação estatal de terras semi-abandonadas do Vale do Paraíba e a canalização da mão-de-obra servil da província do Rio de Janeiro, empregada até então em uma medíocre agricultura mercantil ou de subsistência dedicadas à produção de açúcar, cachaça, toucinho, feijão, milho, banana.

Após a organização das primeiras fazendas cafeicultoras, os lucros da própria produção e os capitais nacionais e estrangeiros financiaram a compra de trabalhadores escravizados de outras províncias, a introdução maciça no país de cativos africanos, a organização de novas plantações, a abertura de ferrovias etc. Nas províncias do Rio de Janeiro, São Paulo, Minas Gerais e Espírito Santo, muitas fazendas açucareiras e suas escravarias foram simplesmente reorientadas, total ou parcialmente, para a produção mais rentável de café.

No século XIX, o açúcar, o algodão e o cacau continuaram a ter grande importância para a economia escravista nacional, em geral, e para a do Norte e do Nordeste, em particular. Porém, a cafeicultura escravista imperou de forma inconteste. A partir de 1830, o café foi o rei. Não podemos compreender os principais aspectos da história política e social brasileira dessa época fora do contexto geral da produção escravista cafeicultora. Realidade sintetizada, por um destacado político do Império, na frase: "O Brasil é o café, e o café é o negro."

Morte e vida do escravismo

Em fins do século XVIII, a crise da mineração e a queda dos preços internacionais dos produtos agrícolas exportados pelo Brasil desaqueceram a produção escravista e o comércio internacional de escravos. Os senhores não tinham capital para comprar trabalhadores escravizados nem onde ocupá-los produtivamente. Muitos proprietários viram-se obrigados a alforriar cativos que não lhes rendiam nem mesmo a comida que comiam e as roupas que vestiam. As três primeiras décadas do século XIX conheceram o mesmo marasmo da produção escravista brasileira. Interessada na abolição do tráfico transatlântico de cativos, a Inglaterra não teve dificuldades em arrancar de dom Pedro, no momento das discussões sobre o reconhecimento do novo Estado, em 1826, um tratado que aboliria o tráfico três anos após sua ratificação. A produção escravista corria o risco de entrar em colapso devido ao pouco dinamismo interno e às pressões inglesas pela abolição do tráfico internacional.

Uma assembléia desprovida de poderes efetivos e do direito de referendar os tratados internacionais pronunciara-se timidamente contra o acordo. Sem outra saída, os escravistas precaveram-se importando preventivamente, de 1828 a 1830, grandes quantidades de cativos. Nestes dois anos, 175 mil africanos escravizados foram introduzidos no Brasil. A sorte da escravidão parecia selada e as elites começavam a pensar na forma de trabalho que substituiria o esforço dos negros na produção.

Em 3 de maio de 1830, dom Pedro afirmava na Abertura da Assembléia Geral:

> O tráfico de escravatura cessou, e o governo está decidido a empregar todas as medidas, que a boa-fé, e a humanidade reclamam para evitar sua continuação debaixo de qualquer forma, ou pretexto que seja: portanto julgo indispensável necessidade indicar-vos que é conveniente facilitar a entrada de braços úteis.

Na mesma sessão legislativa, a Assembléia Geral aprovou uma lei referente à *locação de serviços*. Nos fatos, ela reduzia o trabalhador livre a uma situação semi-servil.

Dentre as razões da deposição de dom Pedro I, encontrase seu demasiado apego à palavra dada aos ingleses e seu desconhecimento das necessidades da mão-de-obra escravizada na cafeicultura. Com a Abdicação, os liberais moderados subiram ao governo e aprovaram, em 7 de novembro de 1831,

D. Pedro II.

uma lei que confirmava o tratado de 1826 e reprimia duramente o tráfico internacional de homens. Em 1832, a lei foi regulamentada e, nos seis anos seguintes, governos liberais tentaram reprimir, sem muita energia, o tráfico maldito.

Os negreiros começaram a desembarcar nas praias brasileiras multidões de homens e mulheres arrancados da África. Em verdade, o tráfico, legalmente proibido, prosseguiu com um volume e bestialidade anteriormente desconhecidos. As autoridades faziam vistas grossas, e os senhores obtinham escravos sem dificuldades. O ministério conservador de Pedro Araújo Lima, de 1837, que se apoiava sobre os grandes proprietários e comerciantes escravistas, pôs fim às tímidas medidas liberais antitráfico, relançando vigorosamente o ingresso de cativos no Brasil. Até 1850, milhares de homens, mulheres, adultos, jovens e crianças continuariam sendo desembarcados *clandestinamente* nas praias e vendidos, como gado, aos cafeicultores. Com a interrupção do tráfico transatlântico, em 1850, e até poucos anos antes da Abolição, os negros passaram a ser comprados e trazidos das províncias do Nordeste, do Norte, do Oeste e do Sul para as plantações cafeicultoras do Centro-Sul.

Tabela II: *Estimativa do tráfico brasileiro (1831-1851).**

Ano	Escravos	Ano	Escravos	Ano	Escravos
1831	138	1839	42.182	1847	56.172
1832	116	1840	20.796	1848	60.000
1833	1.233	1841	13.804	1849	54.061
1834	749	1842	17.435	1850	22.856
1835	745	1843	19.095	1851	3.287
1836	4.966	1844	22.849	1852	800
1837	35.209	1845	19.453	1853	-
1838	40.256	1846	50.324	1854	-
				1855	90
Total geral					**486.616**

Fonte: Cf. BETHELL, L. *A abolição do tráfico de escravos no Brasil.* Rio de Janeiro : Expressão e Cultura, São Paulo : Edusp, 1976. p. 368.
* Dados do século XIX, muito aproximativos.

Capítulo 11

Senhores, Escravos, Café

A produção cafeicultora escravista não diferia muito da manufatura açucareira no que se refere à sua economia interna. Também nesse contexto produtivo, os dois grandes pólos sociais eram escravizadores e escravizados. Não poucos plantadores abandonaram o cultivo do açúcar pela cultura do café total ou parcialmente. Era grande a identidade entre as práticas sociais e produtivas das fazendas cafeicultoras e açucareiras: os produtos eram diferentes mas permanecia a mesma organização produtiva – a agromanufatura latifundiária e escravista de exportação.

O cultivo e o beneficiamento do café exigiam uma maquinaria menos complexa e menos custosa do que a utilizada na produção de açúcar. Portanto, eram suficientes pequenas unidades cafeicultoras. Por outro lado, a organização de grandes e rendosas fazendas exigia vultosos capitais e o cultivo do café necessita de terras férteis, temperaturas estáveis e é muito prejudicado pelas secas.

Em terrenos selvagens, os trabalhos tinham início com o desmatamento das densas e úmidas matas das encostas dos morros. Esse trabalho era efetuado por escravos, posseiros e agregados armados de foices e machados. A partir de meados do século XIX, os senhores passaram a entregar essa perigosa tarefa a empreiteiros que a realizavam com grupos de trabalhadores escravizados especializados.

Cortavam-se as copas das árvores e os galhos das matas para que secassem rapidamente. As madeiras mais nobres eram aproveitadas e, em setembro, antes da chuva, ateava-se fogo em tudo. Limpavam-se as terras enegrecidas pelo fogo com enxadas e machados para, a seguir, plantarem-se os pés de café em fileiras. Não raro os cafezais eram plantados verticalmente nas encostas, o que facilitava o trabalho e evitava a erosão dos solos. Os pés de café começavam a dar frutos no terceiro ano e a produção máxima era obtida no sexto. Quando se esgotava a fertilidade dos terrenos e a produtividade decaía, os cafezais eram abandonados e novas operações eram iniciadas em um terreno virgem ou descansado. Isso explica a fome de terras da produção cafeicultora escravista.

A limpeza das ervas daninhas dos terrenos dos cafezais – a carpa – era realizada várias vezes ao ano por equipes de escravos munidos de ancinhos e de enxadas. Em média, elas pesavam 2 quilos. Plantavam-se comumente gêneros de subsistência – milho, mandioca, feijão – entre as filas dos pés de café. No Vale do Paraíba, as equipes de escravos realizavam essas e outras tarefas cantando monótonas canções. Em maio, cativos e cativas começavam a colheita arrancando dos longos galhos, com um só movimento, os grãos de café. A seguir, eles eram separados das folhas e gravetos para serem transportados até as instalações de beneficiamento. Segundo as regiões e a época, os escravos tinham como *tarefa* diária colher de 70 a 250 litros de grãos de café.

Velhos e crianças

Os grãos colhidos eram expostos ao sol para que secassem e revolvidos, várias vezes, com rodos de madeira, em amplos pátios de tijolos, cimento ou terra batida - os terreiros, que eram construídos estrategicamente na frente das residências senhoriais e das senzalas. Os grãos de café, limpos e secos, eram batidos com varas ou manipulados em rudimentares pilões e, a seguir, peneirados. Nas fazendas mais ricas e mais bem aparelhadas, os pilões e ventiladores mecânicos realizavam estas últimas operações. A força de trabalho dos velhos e das crianças era aproveitada na escolha e separação manual dos grãos de café de melhor qualidade dos quebrados ou de qualidade inferior.

Nos primeiros tempos, o café era acondicionado em sacos de couro e descia, no dorso de mulas, das fazendas da serra para os portos do litoral. Um negro com prática efetuava várias viagens por ano guiando diversas mulas. Os animais transportavam de 120 a 150 quilos de café. As viagens eram perigosas e as fortes chuvas danificavam os já precários caminhos. Os acidentes com a carga, com os animais e com os cativos eram freqüentes.

Em 1855, iniciaram-se os trabalhos de construção da Estrada de Ferro D. Pedro II, que ligou o Vale do Paraíba do Sul à costa. Mais tarde, foi a vez das Estradas de Ferro de Cantagalo, Leopoldina, São Paulo Railway, Paulista, Sorocaba. Calcula-se que o preço do transporte do café por estrada de ferro fosse seis vezes inferior ao do transporte com mulas. Além do que, com as estradas de ferro, os cativos puderam ser afastados das atividades de transporte e incorporados às atividades diretamente produtivas. Esta primeira *modernização* dos meios de transporte brasileiros deu um novo alento e não debilitou a produção escravista nacional.

Tabela I: *Expansão das estradas de ferro brasileiras (1854-1889).*

Ano	Região Cafeeira*	Resto do Brasil	Total
1854	14,5	–	14,5
1859	77,9	31,5	109,4
1864	163,2	248,1	411,3
1869	450,4	262,7	713,1
1874	1.053,1	304,2	1.357,3
1879	2.395,9	499,8	2.895,7
1884	3.830,1	2.494,5	6.324,6
1889	5.590,3	3.485,8	9.076,1

Fonte: SILVA, Sérgio. *Expansão cafeeira e origens da indústria no Brasil.* São Paulo : Alfa-Ômega, 1976. p. 58.
* Rio de Janeiro, São Paulo, Minas Gerais, Espírito Santo.

As condições de vida nas fazendas cafeicultoras mais ricas eram muito duras para os escravos, ainda que não fossem tão degradantes como as conhecidas nos engenhos. Uma campainha, uma corneta ou um sino despertava a escravaria às 4 ou 5 horas da manhã, para que partissem, a pé ou em carretas, em direção ao campo onde trabalhavam sem interrupção até às 9 ou 10 horas, chovesse ou fizesse sol. Então, sob os olhos dos feitores, os cativos almoçavam uma primeira refeição no local de trabalho. Meia hora de descanso e o trabalho continuava até às 13 horas, quando era efetuado um rápido lanche de rapadura e café. Às 16 horas, comiam a mesma refeição matutina e, ao anoitecer, retornavam à sede, onde era servido o jantar.

Comida e trabalho

Nas grandes fazendas, a comida era relativamente farta ainda que monótona: angu, farinha de mandioca, milho, abóbora, um pouco de charque, rapadura, café. Mesmo quando não faltava comida, sobrava trabalho. À noite, os cativos eram contados, as tarefas controladas e, à luz de modernos lampiões ou velhos candeeiros, começavam os trabalhos noturnos - *o serão*, que podia arrastar-se até a meia-noite. Então, após uma rápida ceia, os cativos descansavam.

Tal qual as estradas de ferro, a introdução no Brasil de modernos lampiões europeus, providos de mechas circulares e mangas de vidro, permitiram um aproveitamento mais intensivo e, portanto, uma maior exploração da força de trabalho escravizada. Em alguns casos, os cativos labutavam praticamente por dezoito horas. Aos domingos e em outros dias santificados, após alguns breves trabalhos matutinos, os negros folgavam. No auge da safra, o repouso dominical não era respeitado.

A cafeicultura fluminense deu origem a uma rica e soberba classe de grandes fazendeiros. Elegendo-se como juízes de paz, oficiais da Guarda Nacional e deputados provinciais, os barões do café controlavam o poder municipal e provincial. Eles constituíram, até os anos de 1870, um setor social nacionalmente hegemônico e o grande pilar do Segundo Reinado. A aristocracia cafeeira fluminense construiu padrões de vida e comportamentos que, muitas vezes, repetiam os praticados e vividos pelos grandes açucareiros nordestinos. Para impedir o fracionamento das propriedades (terras e escravos), casavam-se entre si e freqüentemente com parentes, dando origem a verdadeiras oligarquias familiares.

No vértice da pirâmide social cafeicultora escravista encontravam-se os fazendeiros portadores de títulos nobiliários, sobretudo de baronato. Essas distinções nobiliárias eram conquistadas com serviços prestados ao Império e ao imperador, atos filantrópicos e patrióticos etc. A troca de favores ou a simples compra do título de nobreza facilitavam também o enobrecimento. O riquíssimo fazendeiro Francisco Peixoto de Lacerda Werneck escrevia, em 1852, ao seu correspondente na Corte, autorizando-o a gastar até 15 contos de réis – "se não houver outro remédio" – para que seu pedido de baronia fosse concedido. Cerca de 1/3 dos quase mil títulos nobiliários distribuídos durante os 66 anos de monarquia brasileira foram cedidos a plantadores, comerciantes e banqueiros ligados à cafeicultura do Sudeste, em geral, e do Rio de Janeiro, em especial.

Os cafeicultores esmeravam-se em cultivar valores e hábitos que acreditavam enobrecedores. Valorizavam a hospitalidade concedida a seus iguais, protegiam afilhados desvalidos, financiavam iniciativas culturais e beneficentes, empreendiam custosas viagens à Europa, sustentavam os estudos dos filhos no estrangeiro. Ademais, construíam ricas sedes nas fazendas e luxuosas residências nas cidades. Gastavam fortes somas na compra de carruagens, cavalos de raça, móveis, louças e indumentárias européias. Financiavam a construção de capelas e igrejas nas suas fazendas e em terras públicas. Sustentar com luxo uma amante era também sinal de *status*, sobretudo se ela fosse ou passasse por francesa. Cercar-se, nas fazendas e na cidade, de uma verdadeira legião de escravos domésticos era outro importante sinal de distinção e nobreza.

Capítulo 12

Escravidão e Abolicionismo

A abolição do tráfico, a concentração servil no Centro-Sul e o emancipacionismo

Até fins do século XIX, o trabalhador escravizado constituiu o pilar essencial da economia e da sociedade brasileiras. Durante grande parte deste longo período, milhões de homens e mulheres foram escravizados nas cidades e nos campos sem que a instituição fosse posta em questão. Até a Independência, algumas raras e isoladas vozes se ergueram contra os aspectos mais duros do vil sistema; porém, tais críticos propunham reformas e não o fim da instituição. Homens livres de todas as classes, libertos e a grande maioria dos trabalhadores escravizados consideravam que o cativeiro fizesse parte de uma ordem social natural e, portanto, imutável. Embaixadores e viajantes estrangeiros concordavam que a economia brasileira não sobreviveria à abolição do regime negreiro.

Na virada do século XVIII para o XIX, com a crise do *status quo* colonial, registraram-se nas nações negreiras os primeiros sinais de consciência da possibilidade de superação do escravismo. As revoluções francesa e industrial criaram condições para a percepção teórica, no Novo Mundo, do anacronismo histórico do cativeiro diante da modernidade capitalista. No Brasil, os reflexos dessas novas concepções não se converteram em atos sociais ou políticos.

O trabalho servil e não o trabalho livre correspondia às necessidades das elites proprietárias. No que se refere ao Brasil, o trabalho livre - como base da produção - constituía uma verdadeira utopia. Entretanto, os senhores adaptaram-se ideologicamente ao espírito dos tempos: a escravidão passou a ser *reconhecida* como um *sistema imperfeito* que se justificava apenas pela *impossibilidade* material para sua abolição.

Até a segunda metade do século XIX, o homem escravizado lutou praticamente só contra a escravidão. De forma geral, devido a limitações objetivas, a luta apresentava-se como resistência do cativo à sua feitorização e não como negação objetiva e subjetiva da instituição propriamente dita. Em termos sociológicos marxistas, poderíamos dizer que os escravos constituíram uma classe "em si" e jamais uma classe "para si". Ou seja, os trabalhadores escravizados formavam uma classe social, com objetivos sociais e políticos específicos, mas jamais chegaram a ter consciência de tal fato. Foi de origem externa o primeiro grande golpe lançado contra a instituição escravista brasileira. Desde a primeira década do século XIX, sucessivos governos ingleses mobilizaram-se pela abolição do tráfico transatlântico de escravos.

Apontaram-se bases filantrópicas para o abolicionismo do tráfico negreiro internacional. Por diversas décadas, enquanto a diplomacia inglesa exigia de outras nações o fim do comércio negreiro, homens negros eram escravizados sem pejo nas colônias americanas da Grã-Bretanha. Até praticamente o fim do escravismo no Brasil, empresas britânicas de mineração serviram-se do braço escravizado sem que os governos de Sua Majestade exigissem com pulso firme o fim de tais práticas.

Com a Revolução Industrial, a economia inglesa passou a interessar-se pela produção, a baixo custo, de matérias-primas africanas. Após controlar o tráfico negreiro durante o século XVIII, a Inglaterra buscava agora a exploração, na África, do trabalho africano. Estavam prestes a iniciar a ocupação e a exploração coloniais do Continente Negro. Mais de quatro séculos de comércio humano haviam permitido a ocupação da originariamente semideserta costa ocidental por poderosos Estados negros que se dedicavam à captação, ao transporte, ao armazenamento e à venda de cativos. Estreitamente articulado com o interior, eles impediam ciosamente que os europeus dominassem os litorais e adentrassem os sertões.

Nova exploração

O fim do comércio negreiro internacional significava a dissolução das nações militarizadas da costa e a reorientação do comércio que praticavam. A luta antitráfico e a ocupação territorial - primeiramente do litoral e depois dos sertões africanos - pela Inglaterra e por outras nações européias foram movimentos intimamente articulados. No começo, alguns *exploradores* europeus internaram-se no coração da África à procura de informações: Mungo Park, Hugh Clapperton, René Caillié, Heinrich Barth, dentre outros. É sintomático que em 1839 tenha sido fundada na Inglaterra uma *Sociedade para a Extinção do Tráfico Negreiro e para a Civilização da África*. Para os ingleses, África civilizada era sinônimo de África colonizada.

Em 1815, dom João VI acordou com os britânicos a abolição do tráfico transatlântico ao norte do Equador. Em verdade, nessa época, o grande porto lusitano de embarque de cativos era Luanda, nas atuais costas angolanas, ao sul do Equador. Em novembro de 1826, Pedro I reconheceu a validade dos tratados antitráfico assinados pela Inglaterra e Portugal e aceitou a ilegalidade de todo comércio negreiro a partir de 1830, medida referendada em 7 novembro de 1831 pelo governo regencial, que decretou a liberdade dos africanos introduzidos no Brasil após esta data. Principalmente após a renúncia do regente Diogo Feijó, em 1837, o dinamismo da produção cafeicultora determinou que as medidas antitráfico fossem desobedecidas e que milhares de africanos continuassem sendo desembarcados nas praias brasileiras.

Durante os anos de 1830 e 1840, a Inglaterra continuou a exigir que o governo brasileiro respeitasse o tratado de 1826. Em 1849, o governo britânico decidiu-se por formas mais efetivas de pressão e passou a perseguir os navios negreiros nas próprias águas territoriais brasileiras, em flagrante desrespeito à soberania da nação americana. Sob o impacto desses golpes e da ameaça de bloqueio dos portos dos país pela Marinha Inglesa, o parlamento imperial viu-se obrigado a aprovar, em 4 de setembro de 1850, a chamada Lei Eusébio de Queirós que, entre outras decisões, identificava o comércio negreiro à pirataria e expropriava e vendia os navios dos negreiros.

A vigilância britânica e uma efetiva política repressiva do governo imperial puseram fim ao tráfico internacional em direção ao Brasil. Como em 1826, os negreiros *importaram* preventivamente multidões de cativos antes da aprovação da lei. Porém, a partir de 1850-1851 têm-se notícias de poucos desembarques clandestinos de africanos de menor expressão. Chegavam ao fim três séculos de comércio humano entre a África e o Brasil. O fim do tráfico de escravos iniciou, no Brasil, um complexo processo de redistribuição geográfica da mão-de-obra escravizada que ensejaria, três décadas mais tarde, os fenômenos econômicos, sociais e políticos desencadeadores da própria abolição da escravatura.

As duríssimas condições médias de vida das populações feitorizadas determinavam que elas conhecessem elevadas taxas de mortalidade e baixos índices de natalidade. Este último fenômeno era acentuado pelo grande número de homens em relação ao número de mulheres. Em média, chegavam da África ao Brasil de dois a três homens para cada mulher. Somente o tráfico negreiro internacional, e não a reprodução natural, garantia o aumento da população escravizada. O fim dos carregamentos de africanos determinou um rápido crescimento do valor mercantil dos homens e mulheres escravizados.

Tabela I: *Preço médio dos escravos (15-29 anos) - Oeste Paulista.*

Período	Preço em mil-réis	Valorização
1843-1847	550$000	100
1848-1852	649$000	118,1
1853-1857	1:177$500	214,1
1858-1862	1:840$000	334,5
1863-1867	1:817$000	330,4
1868-1872	1:792$500	326
1873-1877	2:076$862	377,6
1878-1882	1:882$912	342,3
1883-1887	926$795	168,5

Fonte: MARTINS, J. de S. *O cativeiro da terra.* 2 ed. São Paulo : LECH, 1981. p. 27.

Desescravização regional

Com a valorização das escravarias, os escravos começaram a ser vendidos e enviados das cidades e das atividades agrícolas menos rentáveis para as fazendas cafeicultoras do Centro-Sul. Em alguns casos, a transferência da mão-de-obra

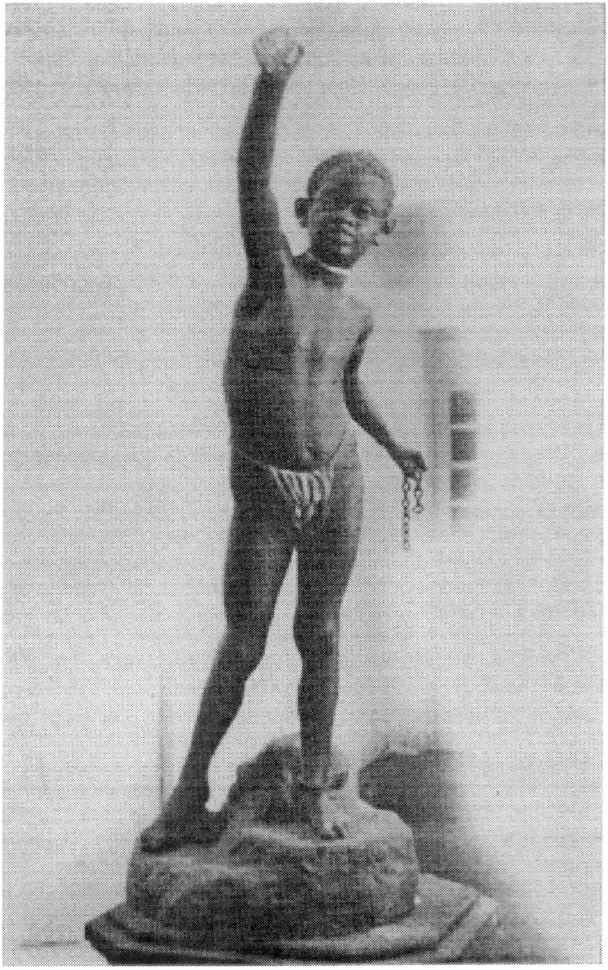

Estátua em gesso de ingênuo, simbolizando a liberdade do ventre escravo.

escrava do Norte, Nordeste, Sul e Oeste para os municípios cafeicultores antecedeu a própria abolição do tráfico de escravos. No Ceará, a terrível seca que se abateu sobre a região, em 1847, comprometeu as atividades agrícolas e pastoris cearenses e obrigou muitos senhores a venderem as escravarias para o Sul, a fim de pagarem dívidas e sobreviverem às dificuldades.

Após 1850, o crescimento do tráfico intermunicipal e interprovincial levou municípios e províncias a viverem um inexorável processo de desescravização. Muitos senhores, sobretudo do Norte e Nordeste, vendiam os cativos e engajavam, por salários ínfimos, membros da população livre e pobre expulsa pela seca das regiões semi-áridas do interior. "Em 1874, – assinala o historiador Robert Conrad – mais da metade de todos os escravos do Brasil estavam localizados nas quatro principais províncias da produção do café e apenas cerca de um terço (...) estavam vivendo nas onze províncias do norte." Dez anos mais tarde, as quatro províncias cafeicultoras concentravam em torno de 2/3 da população escrava brasileira.

A concentração das escravarias no Centro-Sul punha em perigo as alianças das elites senhoriais construídas em torno da defesa da escravidão. Os proprietários que vendiam por alto preço seus cativos tinham a estranha mania de assumir, mal se desembaraçavam do último negro, posições crescentemente abolicionistas. As transformações estruturais e a pressão pública internacional determinaram, no início dos anos de 1860, o nascimento das primeiras correntes de opinião antiescravistas no Brasil. Era o nascimento do movimento emancipacionista.

Tabela II: *Abolição da escravatura nas Américas.*

País	Ano	País	Ano	País	Ano
Massachusetts	1780	México	1829	Peru	1854
Pensylvania	1780	Bolívia	1831	Venezuela	1854
Haiti	1804	*C. Inglesas	1838	USA	1865
Argentina	1813	Uruguai	1842	Porto Rico	1873
Colômbia	1814	*C. Francesas	1848	Cuba	1886
Chile	1823	Equador	1851	Brasil	1888

Fonte: Cf. IANNI, Octávio. *Escravidão e racismo.* São Paulo : HUCITEC, 1987. p. 23.
*C = Colônias.

O escravismo fora abolido nas colônias européias e nas nações americanas independentes. Em 1865, com a derrota do Sul na Guerra de Secessão, o governo brasileiro ficava em uma frágil posição diante da opinião pública antiescravista. Brasil, Cuba e Costa Rica (então colônias espanholas) passaram a ser as únicas nações negreiras do Novo Mundo. A fim de romper o isolamento em que se encontrava o governo imperial, Pedro II começou a defender medidas parlamentares que promovessem a liberdade das crianças nascidas de mulheres escravizadas, ou seja, a *emancipação dos ventres*. Em 1865, o assessor imperial José Pimenta Buenos preparou um projeto moderado propondo a *emancipação dos ventres escravos*, os conselhos provinciais de emancipação, um registro da população cativa, a liberdade dos escravos do Estado em cinco anos e a das ordens religiosas em sete. O governo imperial procurava reformar superficialmente a instituição para manter o trabalho feitorizado. O que conseguiu até 1888.

Capítulo 13

Imigração Colonial

A imigração colonial no sul do Brasil. Organização, economia, sociedade

Desde a chegada da Família Real ao Rio de Janeiro, em 1808, promovera-se a vinda de levas de imigrantes europeus para o Brasil. Alemães, suíços de língua francesa, austríacos partiam para o Novo Mundo atraídos pela possibilidade de ascenderem a proprietários de terras. Essa imigração não almejava a substituição da mão-de-obra escrava. Com ela, procurava-se formar uma população livre de pequenos proprietários agrícolas que abastecesse as grandes cidades em gêneros alimentícios, que fornecesse filhos para as forças armadas, que constituísse um contraponto à população escravizada. Nessa época, quase 50% da população do Brasil era formada por trabalhadores escravizados. Dom Pedro apoiou, durante seu breve reinado, essa política.

O incentivo migratório foi retomado pelos governos do Segundo Reinado. Grandes levas de migrantes alemães e italianos foram estabelecidas em diversas regiões do Brasil, geralmente em terras incultas e impróprias à agricultura latifundiária e escravista. A imigração italiana em direção ao Rio Grande do Sul exemplifica bem esse fenômeno, geralmente mal conhecido pela historiografia nacional.

No século XIX, a unificação italiana e a lenta e parcial incorporação da península à produção e ao mercado capitalistas pesaram sobre as condições de vida das populações rurais. A produção industrial italiana era incapaz de absorver os braços expulsos do campo. Os pequenos arrendatários meeiros do norte da Itália sofriam com o jugo dos altos aluguéis dos minifúndios, dos pesados impostos, dos rústicos métodos agrícolas, da baixa fertilidade da terra. O artesanato rural foi golpeado pela expansão da produção industrial. Ainda um serviço militar despótico afastava, por anos, os jovens de suas aldeias.

O abandono da terra natal constituiu uma saída para a crise vivida por multidões de camponeses italianos. Partia-se para a América para fugir da fome, do trabalho fatigante, da desnutrição, do salário irrisório, do alto aluguel da terra. A emigração era uma forma de revolta surda e silenciosa contra os donos da terra. Ela prometia um futuro risonho a todos. Os emigrantes bem-sucedidos ascenderiam à propriedade da terra; aumentaria a oferta de trabalho aos que ficassem na Itália; as rendas nacionais engrossariam com as remessas monetárias dos expatriados; a indústria italiana conquistaria reservas de mercado no exterior. Ademais, a emigração descomprimia as tensões entre as elites e as classes subalternas e reforçava estruturas sociais arcaicas. Contratando e transportando os que partiam, empresas de navegação e de imigração enriqueciam-se. Vendendo terras devolutas, as nações hóspedes povoavam-se com uma população camponesa livre.

Em 1873, abateu-se sobre a Europa a Grande Depressão. Na mesma época, dificultou-se a entrada de imigrantes nos

Estados Unidos, no Uruguai e na Argentina. O governo imperial brasileiro delimitou 32 léguas quadradas de terras na Encosta Superior do Planalto, no nordeste gaúcho, para serem loteadas e vendidas aos colonos europeus. A partir de 1870, foram criadas as primeiras colônias na região. Cinco anos mais tarde, imigrantes do norte da Itália começaram a se estabelecer na Serra em grande número.

De 1875 a 1914, o Rio Grande do Sul recebeu 80 mil imigrantes, expulsos sobretudo da Lombardia, do Veneto e do Tirol pela miséria e atraídos ao Novo Mundo pelo sonho da terra. Uma importante propaganda governamental brasileira sobre as vantagens do estabelecimento no Sul incentivava o fluxo migratório. No total, 24 milhões de peninsulares partiram da Itália para diferentes regiões do mundo entre 1869 e 1962.

Adeus à Itália

A imensa maioria dos imigrantes que chegou ao sul do Brasil embarcou no porto de Gênova. De modo geral, os navios eram modernos e seguros. Entretanto, a travessia era feita pelos emigrantes em terceira classe, em navios sobrecarregados e em precárias condições higiênicas. A viagem durava pouco mais de um mês. Tratava-se de uma viagem difícil; mas são abusivas as analogias feitas entre a travessia dos emigrantes e a dos trabalhadores escravizados.

Em média, a família imigrante que desembarcava no Rio de Janeiro possuía de dois a três filhos. O homem tinha de 35 a 45 anos; a mulher, cinco anos a menos. Eram poucos os desacompanhados ou solteiros. Do Rio de Janeiro, após a *quarentena* na Casa dos Imigrantes, na ilha das Flores, os viajantes eram transportados para Porto Alegre com ou sem baldeação em Rio Grande e Pelotas, em uma viagem de dez ou mais dias.

Imprestáveis à produção pastoril, 8.000 km² da semidesabitada encosta superior do nordeste do Rio Grande do

Sul foram parcelados e destinados à colonização. *Conde D'Eu* - Garibaldi -, *Dona Isabel* - Bento Gonçalves - e *Caxias* foram as três primeira colônias italianas no Rio Grande do Sul. Em 1877, uma quarta colônia, Silveira Martins, foi organizada na região florestal, em terras mais baixas no planalto, próximas a Santa Maria, no oeste do Rio Grande do Sul.

As terras destinadas à colonização possuíam clima, flora, fauna e solos similares aos das regiões nativas de muitos dos imigrantes. Com duas estações nitidamente definidas, o clima subtropical do Rio Grande do Sul sofria a importante influência das altitudes do planalto - de 600 a 900 metros. A temperatura média era de 14 a 16 graus. No verão, elevava-se acima dos 30 graus; no inverno, chegava a vários graus negativos nas zonas mais elevadas. O inverno era longo e úmido. Não raro, nevava. A precipitação pluviométrica variava em torno dos 1.700 mm[3].

Nas regiões coloniais da encosta da Serra, dominavam as terras cinzentas, medianamente férteis que, associadas ao clima quase temperado, eram propícias à videira, ao trigo, ao pinheiro e a diversas árvores frutíferas. A fauna e a flora empobreciam-se em relação à Depressão Central e à Campanha devido à altura. A partir dos 300 metros dominavam os *pinhais* - florestas de dois patamares, com pinheiros na parte superior e árvores e arbustos diversos na inferior.

No Rio Grande do Sul, as terras destinadas à imigração não se adequavam ao pastoreio. Elas constituíam uma espécie de barreira natural entre os Campos de Cima da Serra, ocupados por fazendas pastoris, e a Depressão Central, local da principal concentração demográfica gaúcha. Essas paragens eram habitadas por comunidades nativas de caçadores, coletores de pinhão e agricultores incipientes, de língua gê - os *bugres*. Eles defenderam desesperadamente seus territórios dos intrusos.

Triste fim

As comunidades nativas da região foram aniquiladas pela expansão da colonização alemã, no sopé da Serra, no Planalto, e pela ocupação italiana da encosta superior. A história da destruição dos nativos não foi ainda escrita. Pouco sabemos sobre os *bugreiros* - brasileiros e imigrantes assalariados para combater e eliminar os últimos habitantes nativos da Serra.

O planalto era acessível através dos cortes nos contrafortes da Serra criados pelos vales dos afluentes setentrionais do Jacuí. O vale do Caí era o principal caminho entre a Encosta Superior e a Depressão Central. Por ali passava o caminho que ligava Porto Alegre aos Campos de Cima da Serra. Os imigrantes que chegavam à capital eram alojados em um prédio especialmente destinado a eles ou dormiam nas ruas e praças próximas. A seguir, os que se dirigiam para a Serra partiam da capital em pequenas embarcações, que navegavam pelo Caí por sete ou mais horas. Os que se destinavam a Silveira Martins faziam boa parte da viagem de trem.

O último assalto à Serra foi feito pelos primeiros colonos em três dias, a pé, no lombo de animais, através de picadas e caminhos estreitos e íngremes abertos na mata virgem. Logo, transformariam esses caminhos em estradas, ainda que muito precárias. No final da difícil viagem, os recém-chegados alojavam-se no barracão dos imigrantes, ou eram enviados aos lotes coloniais, se já demarcados.

Ao norte da Itália, vivia-se em pequenas aldeias - no *paese*. De madrugada, partia-se para os campos, de onde se voltava ao entardecer. No Rio Grande do Sul, para diminuir o isolamento relativo, a residência era erguida pelos colonos italianos junto à linha, à beira do caminho, em local ensolarado. Cerca de 300 metros separavam as moradias de dois lotes coloniais vizinhos. Elas eram construídas com tábuas rachadas e serradas de pinheiros e, mais raramente, em pedras e tijolos.

As coberturas eram inicialmente de pequenas tábuas de pinheiro - *scandole* - e, a seguir, em telhas e em zinco.

Se possível, aproveitava-se o declive do terreno para o porão e a cantina. A casa, com uma porta e duas janelas dianteiras, possuía uma ampla sala de entrada e os dormitórios. A cozinha era erguida nos fundos, em uma construção independente, a alguns metros de distância para prevenir a propagação de eventuais incêndios; já que o fogo era mantido em um improvisado fogão de chão sob as cinzas, enquanto se trabalhava na roça. Uma cobertura em madeira podia unir a cozinha ao corpo central da casa.

Salames e toucinhos

Os assoalhos e os forros eram de tábuas, trabalhadas com cuidado, para prevenir as frestas, uma vez que os sótãos serviam para o armazenamento de cereais e das cantinas de salames, toucinhos, queijos, carnes defumadas. As aberturas eram fechadas com *venezianas* e portas cegas, de dobradiças de couro cru. Além da residência e da cozinha, o lote colonial podia possuir latrina, forno, cantina, chiqueiros, galinheiros, apiário, paióis, pombal, alambique e estrebarias.

A cozinha, principal centro de reunião familiar sobretudo no inverno, era a peça menos valorizada em relação aos materiais e aos cuidados construtivos. O fogão - *fogolare, facoler* ou *focolaro* - era rústico. No chão, sob um quadrilátero contendo areia, acendia-se o fogo com madeira que produzisse pouca fumaça. A ausência de chaminé fazia com que a fumaça escapasse pela cumeeira. Uma corrente reforçada suspendia as panelas à altura necessária. Mais tarde, fogões seguros permitiram que a cozinha fosse incorporada ao corpo central da residência.

As refeições, feitas na cozinha ou no campo, eram relativamente abundantes e variadas. Às 9 horas, servia-se o *merendin* - polenta grelhada com salame ou com queijo; uma fritada de ovos, com cebola ou salame; café, vinho. Ao meio-dia, a polenta acompanhava uma sopa de feijão reforçada com massas. À tarde, às 16 horas, servia-se eventualmente um *merendin* mais simples. A polenta sempre era acompanhada com carne, molhos, salame ou queijo fritos e salada (*radici*). Em relação ao norte da Itália, o imigrante conheceu, no Sul, um regime alimentar singularmente superior quanto à variedade e à quantidade dos alimentos.

Lotes coloniais

A Lei imperial de janeiro de 1854 ordenara a demarcação dos lotes coloniais. As medidas básicas das colônias eram a légua, o travessão e o lote rural. A légua era um quadrilátero de 5.500 metros de lado, cortado, no sentido longitudinal, por caminhos estreitos e irregulares de uns 6 a 13 quilômetros, abertos no meio da mata - os travessões, linhas ou picadas. Em geral, as léguas possuíam 132 lotes.

Habitualmente, 132 lotes ou colônias eram demarcados à direita e à esquerda dos travessões. Os lotes, em forma de retângulo, possuíam de 200 a 250 metros de frente e de mil a 1.200 metros de fundo. Eles eram cobertos parcial ou totalmente pelas matas. As colônias não eram uniformes quanto à fertilidade, à água e ao acesso aos mercados. Eles eram também desiguais quanto ao tamanho: 30% tinham menos de 10 hectares; 10%, mais de 50. Rios, córregos e fontes valorizavam eventualmente os lotes coloniais.

Recém-chegados, os imigrantes dedicavam-se à abertura de clareiras nas matas; ao levantamento de rústicos abrigos de pau-a-pique, cobertos de galhos; ao preparo das primeiras roças de milho, feijão etc. A ocupação dos lotes era necessária para assegurar os direitos contratuais sobre eles. A venda da madeira e eventualmente o trabalho assalariado, durante quinze dias por mês na abertura de estradas e caminhos, financiavam os colonos até a primeira colheita.

O estabelecimento nos lotes era um momento difícil. Era necessário adaptar-se à região e lançar as bases da economia familiar em uma terra agreste e desconhecida. Trabalhava-se quinze ou mais horas por dia. O pinhão, a caça e a coleta ajudavam os colonos nos primeiros tempos.

Passagem financiada

As parcelas agrícolas eram vendidas por preços muito acessíveis. Os lotes e os eventuais subsídios governamentais - transporte no Rio Grande do Sul, estadia, ferramentas, sementes - deviam ser pagos entre cinco e dez anos. Se não pagassem no prazo, as dívidas eram refinanciadas. O título provisório era entregue quando 20% da dívida fosse paga; o definitivo, com a *quitação*. Logo, ao verem as inegáveis vantagens de emigrarem para o Brasil, colonos italianos começaram a afluir para a região em grandes quantidades.

A colonização teuto-italiana foi a única *reforma agrária* implementada no Rio Grande do Sul. O parcelamento da terra da Encosta Superior da Serra originou uma dinâmica economia de pequenas unidades agrícolas e artesanais voltadas à subsistência e ao pequeno comércio. O lote era a unidade de base da economia familiar colonial. Praticava-se uma divisão etária, sexual e familiar das tarefas. Os homens responsabilizavam-se pelos trabalhos ligados à agricultura e ao trato dos animais de maior porte. As mulheres, das tarefas caseiras e do cuidado da pequena criação. Entretanto, elas intervinham ao lado dos homens praticamente em todos os trabalhos agrícolas. Segundo suas forças, as crianças labutavam desde os oito anos. Havia igualmente tarefas artesanais masculinas e femininas.

A qualidade dos solos, a abundância relativa das terras e a escassez de mão-de-obra determinavam que a agricultura colonial se assemelhasse bastante à coivara indígena. Sobretudo nos primeiros tempos, os métodos de cultivos eram rústicos. Em verdade, viveu-se uma involução tecnológica comparativamente aos métodos e técnicas praticados no norte da Itália. Os instrumentos básicos eram o arado pequeno e a enxada, uma carroça, uma junta de boi, uma boa mula ou cavalo, uma vaca leiteira eram igualmente imprescindível à economia colonial.

A área dos lotes coloniais era ocupada pelo potreiro – cercado –; pelo parreiral – localizado nas encostas, próximo à residência – e pelas terras cultiváveis – lavradas ou em capoeira. Plantava-se milho no período de seis a dez anos. Depois, a terra repousava durante dois ou três anos. Alternava-se o plantio do milho com culturas de inverno: centeio, cevada, trigo. Plantavam-se arroz, batata, feijão, aveia, cevada, milho, trigo, uva. Criavam-se galinhas, porcos etc. Os muitos filhos aumentavam a força de trabalho familiar. Em 1920, a família colonial possuía 7,8 membros. Em verdade, a abundância relativa de terras permitiu que a família camponesa interrompesse o controle da natalidade praticado na Itália. Uma pequena produção de vinho, graspa (aguardente de uva), banha, toucinho, salame, presunto, manteiga abastecia a família e os centros urbanos próximos.

Mudas trazidas da Itália ou obtidas em São Sebastião do Caí permitiram que parreirais fossem plantados onde fosse possível. Logo os imigrantes contaram com vinho para consumo próprio. As pipas eram armazenadas nos porões e mantinham-se cheias apenas durante os primeiros meses do ano, por desconhecerem as técnicas de conservação. A seguir, cresceu a qualidade dos vinhos, devido a uma crescente e rendosa produção para o comércio. Devido ao grande preço do transporte das mercadorias das regiões coloniais até Porto Alegre e os centros consumidores, mercadorias como o vinho e a banha – de alto valor agregado – desempenharam um papel essencial na economia colonial gaúcha.

Árvores frutíferas eram plantadas em todo o lote colonial: laranjeiras, bergamoteiras, caqueiros, pereiras, marmeleiros, figueiras etc. Os frutos eram consumidos *in natura* ou transformados em geléias, compotas e doces, que garantiam a conservação das frutas durante todo o ano. Parte dessa produção podia ser escoada para o mercado local.

Centros urbanos

Os núcleos coloniais possuíam seus próprios centros urbanos, onde se localizavam a administração colonial e os serviços e artesanatos necessários à economia rural. As sedes e os outros núcleos coloniais mantinham contatos com certa dificuldade, devido à precariedade dos caminhos e dos transportes, com as aglomerações urbanas sulinas. O transporte das mercadorias era feito por mulas e carroças puxadas a mulas, por picadas e estradas de trânsito difícil, sobretudo no inverno. Somente depois da Proclamação da República, em 1910, Caxias, a principal cidade colonial, foi ligada à capital por estrada de ferro.

Os núcleos urbanos eram erguidos no centro da colônia, se possível em um terreno plano e elevado. Para tal, abria-se uma clareira na mata, quando necessário. Em Caxias, aproveitou-se uma clareira aberta pela população indígena da região, daí o nome inicial da localidade - *Campo dos Bugres*. A área urbana era dividida, em xadrez, por avenidas e travessas perpendiculares. Os quarteirões, de cem metros, eram ocupados pelas praças e logradouros públicos ou divididos em lotes urbanos (20 metros por 50 metros ou 40 metros por 60 metros). Deve-se ao mesmo padrão de fundação dos diversos núcleos coloniais a semelhante paisagem urbana das cidades da região.

As autoridades administrativas e religiosas, os artífices, os comerciantes, os raros lusófonos viviam nos centros urbanos. Não raro, a fundação da sede colonial foi posterior à fundação da colônia. As casas urbanas eram construídas em madeira, com um e dois andares. Os fundamentos e os porões eram levantados, se possível, em pedra, aproveitando-se o desnível do terreno. O porão servia como cantina. No sótão, dormiam os filhos homens e também se armazenavam os cereais.

A obrigação de quitar a dívida colonial impedia qualquer tendência à economia de subsistência e ao *acaboclamento*. Os colonos deviam necessariamente produzir excedentes rentáveis, caso contrário perdiam os lotes. O valor e o sucesso das colônias eram determinados pela fertilidade da terra e pela facilidade de escoamento da produção excedente. Por motivos óbvios, os últimos lotes coloniais dos travessões deram origem à expressão *o fim da picada*.

Os colonos viveram no Rio Grande do Sul em condições de vida significativamente superiores às conhecidas no norte da Itália. Porém, não houve enriquecimento significativo dos colonos; trabalhavam sobretudo para se manterem. Com o excedente da produção, compravam sal, roupas, ferramentas, insumos agrícolas dos comerciantes - primeiro brasileiros, mas depois italianos. O comerciante vendia o que o colono não produzia e comprava e distribuía o excedente colonial em mercados próximos e distantes. O pequeno comerciante das linhas articulava-se com o comércio de maior porte dos centros urbanos regionais. Os gêneros coloniais eram adquiridos e encaminhados pelos comerciantes dos travessões, em mulas bruaqueiras ou em carretas, para os centros urbanos regionais, de onde partiam para os portos fluviais sobre o rio Caí. Dali, as mercadorias chegavam a Porto Alegre, onde eram consumidas ou reexportadas. As mais potentes carretas transportavam pouco mais de 1.500 quilos. No início, a exportação da produção colonial era intermediada pelo comércio alemão, estrategicamente localizado na encosta Inferior do Planalto.

A unidade econômica de base do mundo colonial era, portanto, o lote. O núcleo de socialização era a linha, com sua capela e sua venda, tradicionais locais de reunião dominical. Simples e rústicas, as primeiras capelas foram construídas, em mutirão, por iniciativa dos moradores das linhas. Muitas linhas possuíam mais de uma capela, sobretudo as muito extensas. Não raro, o nome das capelas se sobrepunha ao da linha.

O local, o padroeiro, o material, a designação dos responsáveis - os *fabriqueiros* - das capelas eram motivos de disputas locais. A capela era o centro cultural, político, econômico e religioso de uma linha. Anexos à capela, localizavam-se o cemitério e o salão de festas. Algumas poucas vezes, a capela possuía uma escola. Nos primeiros tempos, devido à ausência de sacerdotes, os *padres-leigos* ocupavam-se do terço, dos batizados, das cerimônias fúnebres e, não raro, da celebração da missa dominical.

Senhores da riqueza

As grandes casas comerciais realizaram a acumulação dos excedentes gerados pela produção colonial. Os agricultores entregavam as suas reservas monetárias aos comerciantes das linhas, muitas vezes por juros insignificantes. O que permitia que esses últimos financiassem seus negócios com a poupança colonial. A acumulação comercial das riquezas produzidas pela economia agrícola e artesanal financiou a industrialização da região. O processo de acumulação da riqueza colonial pelo comerciante foi registrado no belíssimo romance *O quatrilho*, do ficcionista José Clemente Pozenato.

Nas linhas e nos núcleos urbanos, desenvolveu-se uma ativa produção artesanal. Praticamente cada travessão e núcleo colonial possuíam seus ferreiros, seleiros, funileiros, oleiros, sapateiros. Moinhos e serrarias eram levantados estrategicamente para beneficiarem o grão e a madeira locais. Pequenas empresas rurais e urbanas, de maior porte, beneficiavam a produção rural, fabricavam ferramentas etc.

Os pais dotavam os filhos com terras e as filhas com uma mula, uma vaca leiteira, um porco. Se houvesse recursos, novas propriedades eram criadas na região ou fora dela. Logo, a economia colonial atravessou o rio das Antas em direção ao norte do Rio Grande do Sul. Na ausência de recursos para adquirir terras, os filhos homens procuravam emprego, permanente ou sazonal, nos núcleos urbanos. Essa mão-de-obra, com fortes vínculos rurais, foi um *handicap* positivo para a posterior industrialização da região.

Tem-se assinalado o isolamento em que viviam os imigrantes em relação às autoridades brasileiras e consulares. Tais afirmativas devem ser relativizadas. As administrações coloniais brasileiras enquadravam pertinentemente as colônias até que fossem emancipadas, tornando-se municípios autônomos, ou frações de municípios já existentes. De forma geral, os colonos preferiam retardar a emancipação de suas colônias. Os cônsules italianos de Porto Alegre visitavam freqüentemente as colônias, produzindo relatórios que constituem hoje importante fonte histórica para o estudo da história colonial. A rusticidade da sociedade colonial italiana tem sido apresentada como resultado de um abandono que jamais existiu.

Em 1875, quando da chegada dos primeiros imigrantes italianos, o Brasil era uma nação semi-rural atrasada e escravista. Os principais meios de comunicação eram os rios e os lagos. As escolas eram raras. As elites brasileiras governavam a nação como dirigiam suas fazendas. O imigrante partira de uma Itália rural, recém-unificada, para um Brasil cujo universo reduzia-se sobretudo à sua colônia, à sua linha, ao seu núcleo colonial

Por um lado, a produção camponesa, em parte voltada para o auto-abastecimento, determinava tendencialmente o isolamento relativo dessa população. Por outro, a esfera mercantil da produção colonial estabelecia e ordenava novas redes de comunicação e socialização. A original estruturação e inserção da economia colonial italiana na sociedade gaúcha deu origem a uma realidade cultural singular, nova em relação à terra de partida e à terra de acolhida.

Geração analfabeta

Mais de 50% dos imigrantes que chegaram ao Rio Grande do Sul não sabiam ler. Até fins do século XIX, inexistiam escolas secundárias italianas na Região Colonial. Apenas umas dezenas de escolas primárias funcionavam precariamente. Quase sem subsídios, elas não prosperaram porque precisavam cobrar pelo ensino. Os colonos também necessitavam dos braços dos filhos e não os enviavam às raras escolas italianas, religiosas ou nacionais. Divididos entre os dialetos que falavam, boa parte da primeira geração ítalo-gaúcha cresceu analfabeta.

O imigrante italiano era católico e muito religioso. A Igreja manteve-se sempre próxima ao movimento migratório, acompanhando-o com centenas de sacerdotes peninsulares. As igrejas, escolas, seminários, capelas e jornais clericais eram as principais instituições culturais e políticas, sobretudo no mundo rural. Nos primeiros tempos, o clero dirigia-se aos fiéis em dialeto e via com antipatia o unitarismo italiano. Essa pregação dificultava a manutenção da identidade italiana e da nacionalização da imigração. Tal realidade e as redes de socialização criadas pela economia colonial determinaram o universo lingüístico da região, onde o imigrante conhecia pouco o italiano e falava o dialeto regional. Nas áreas rurais e nas pequenas cidades, os dialetos constituíram as línguas veiculares, mesmo porque os colonos não foram distribuídos, nos lotes, segundo suas proveniências.

Com o passar dos anos, sob a predominância de um mundo relativamente homogêneo, submetidos às mesmas influências, no contexto de novas redes societárias locais e municipais, os dialetos se mesclaram e sofreram inevitáveis contribuições do português e dos falares dos colonos vizinhos alemães, poloneses, suíços vizinhos. Na Zona Colonial, impôs-se uma ou diversas línguas veiculares – *koiné*, misturas variadas de dialetos italianos com português – e predominavam os falares vênetos. No século XX, com o passar dos anos, o português avançou e continua avançando inexoravelmente como língua veicular da região. Há hoje na Região Colonial Italiana um forte movimento pelo estabelecimento e normalização de uma língua-padrão baseada no vêneto – o *taliam* –, em alguns casos com conteúdos ligados ao nacionalismo e ao separatismo do norte da Itália.

O abandono da Itália por multidões de camponeses teve um profundo sentido político e ideológico. Os emigrantes partiam da Itália para verem-se livres de seus patrões. Muitas vezes, essa decisão assumia um sentido quase revolucionário, expresso no grito angustiado e dolorido da massa camponesa explorada de *Viva l'America, morte ai padroni!* Entretanto, na América, o emigrante não perseguia o sonho de pôr fim aos patrões. Queriam, sim, transformarem-se em patrões, nem que fosse em pequeninos patrões de si mesmos e de suas famílias.

A massa camponesa do norte da Itália professava o cristianismo. Os conteúdos religiosos do cristianismo adaptavam-se sobremaneira às necessidades ideológicas dessa nova civilização de pequenos proprietários patriarcais. Alguns autores acreditam que o cristianismo tenha fundado o mundo colonial. Talvez seja mais correto pensar que o mundo colonial fundou um novo cristianismo nas Américas.

Capítulo 14

Emancipacionismo: a Grande Desilusão

A defesa imperial da escravidão, a Guerra do Paraguai e a Lei do Ventre Livre

A emancipação do ventre das mulheres escravizadas era uma medida que tentava contentar os críticos nacionais e internacionais do cativeiro sem desagradar os proprietários. Os filhos seriam livres e os pais continuariam trabalhando nas fazendas até a morte. Em fevereiro de 1867, o liberal Zacarias de Góes, então à frente do ministério, apresentou ao Conselho de Estado um projeto emancipacionista baseado no estudo de Pimenta Bueno, em que também era proposta a abolição da escravatura, com direito à indenização plena dos proprietários no último dia do século. Sob pressão de dom Pedro, o Conselho aprovou o projeto e recomendou cuidado com medidas precipitadas.

Em 22 de maio do mesmo ano, na Fala do Trono, o Imperador lembrou aos parlamentares:

> O elemento servil no Império não pode deixar de merecer oportunamente a vossa consideração, provendo-se de modo que, respeitada a propriedade atual, e sem abalo profundo em nossa primeira indústria – a agricultura –, sejam atendidos os altos interesses que se ligam à emancipação. Promover a colonização deve ser objeto de vossa particular solicitude.

Apesar do caráter moderado das reformas patrocinadas pelo Imperador, os grandes proprietários pronunciaram-se peremptoriamente contra toda e qualquer reforma da propriedade servil. Em conseqüência, nada foi decidido durante a legislatura, e a intervenção do Império na Guerra do Paraguai serviu como justificativa para o adiamento de medidas parlamentares sobre a escravidão.

Em 9 de maio de 1868, na abertura dos trabalhos parlamentares, recuando das tímidas propostas do ano anterior, o Imperador limitou-se a declarar: "O elemento servil tem sido objeto de assíduo estudo, e oportunamente submeterá o governo à vossa sabedoria a conveniente proposta." Entretanto, uma patética forma de escapar à escravidão abriu-se para milhares de escravos. A pouca vontade dos homens livres de participarem da guerra contra o Paraguai levou, até o fim do conflito em 1870, dezenas de milhares de cativos, fossem alforriados ou não, a alistarem-se no Exército. Era muito difundido o costume de um homem livre convocado às fileiras ser substituído por um cativo. Não sabemos exatamente quantos *ex-escravos* sucumbiram aos combates e às violentas epidemias que dizimaram as tropas imperiais.

Em julho de 1868, inesperadamente, dom Pedro demitiu o liberal Zacarias de Góes, que sofria a oposição do comandante das forças armadas no Paraguai, o general conservador Duque de Caxias. O ministro liberal era apoiado pela maioria da Câmara e pelos emancipacionistas. A organização de um gabinete conservador e a subseqüente eleição de uma Câmara composta quase totalmente por membros daquele *partido* apresentaram-se aos emancipacionistas e liberais como um verdadeiro golpe de Estado. O regime autoritário e centralizador imperial permitia que o presidente do Conselho nomeasse os presidentes e outras autoridades provinciais; o que garantia invariavelmente a vitória parlamentar do partido no governo. Era portanto o Imperador que decidia, indireta e autocraticamente, com que governo, com que *partido* e com que Câmara governaria. O novo governo conservador opunha-se evidentemente às propostas emancipacionistas.

Poetas dos escravos

A indignação liberal fortaleceu as forças dos antiescravistas, irritados com as protelações de dom Pedro. Pela primeira vez, o movimento emancipacionista contava com o apoio, inicialmente tímido, de algumas franjas da raquítica e insatisfeita classe média urbana e de outros grupos sociais não-escravistas. Um jovem estudante baiano de Direito, Antônio de Castro Alves, distinguiu-se a partir de 1865 pela sua violenta poesia abolicionista, declamada em saraus e reuniões antiescravistas. Em março de 1869, o manifesto do recém-fundado Centro Liberal exigia a abolição da Guarda Nacional e do recrutamento, a autonomia judiciária, o fim do Conselho de Estado e do Senado vitalício, a secularização dos cemitérios, a liberdade religiosa e o voto para os não-católicos, a emancipação gradual dos escravos. Tratava-se do primeiro projeto político global tendencialmente crítico ao regime imperial e a seus fundamentos – o latifúndio e a escravidão.

A forte pressão emancipacionista constrangia o governo, o parlamento e o imperador. Em agosto de 1869, proibiu-se a separação dos casais escravos de seus filhos menores de 15 anos; os leilões públicos de cativos foram postos igualmente fora da lei. Tais medidas foram de escasso alcance, pois eram poucos os cativos casados legalmente e as vendas particulares continuariam permitidas. Em 2 de outubro, o Conde d'Eu, esposo da herdeira imperial e comandante das Forças Armadas vitoriosas no Paraguai, patrocinou demagogicamente a abolição da escravidão em um país arrasado, que possivelmente não possuía mais escravos: "Fica desde hoje abolida totalmente a escravidão no território da República (do Paraguai)". Com o fim da guerra, em março de 1870, desaparecia a última justificativa protelacionista. No fim do ano, a decisão do parlamento espanhol de libertar os filhos de escravas e os cativos idosos de Cuba e de Porto Rico acabrunhava ainda mais o governo e dom Pedro.

Em setembro de 1870, o Imperador aceitou a demissão do Visconde de Itaboraí, substituído por outro político conservador, o Visconde de São Vicente, que se demitiu meses mais tarde, em março de 1871, para dar lugar ao Visconde do Rio Branco, senador conservador pela Bahia e membro do Conselho do Estado. Este último comprometera-se com a apresentação de um projeto emancipacionista moderado. Em julho de 1871, os grandes fazendeiros do Rio de Janeiro fundaram o Clube da Lavoura e do Comércio, a fim de melhor combaterem o projeto de lei. Em dezembro do ano anterior, fora lançado um Manifesto Republicano que não fazia referência à questão servil e primava pelo teor federalista. A gestão dos assuntos internos da província feita diretamente por sua elite surgia como uma eventual, mas remota, forma de *defesa republicana* da escravidão. Não devemos esquecer de que a república norte-americana permitira a escravidão desde sua fundação até os anos 1860.

O projeto de lei apresentado em 12 de maio de 1871 e aprovado em 28 setembro do mesmo ano era deveras tímido. Sua principal resolução libertava os filhos de escravas que ficavam, porém, sob a guarda dos senhores de suas mães. Baseada nos gastos que os escravistas porventura tivessem com o sustento dos *ingênuos*, a lei dispunha que os senhores, quando os filhos dos escravos alcançassem oito anos, recebessem uma indenização de 600 mil réis em títulos de 30 anos a 6% ao ano ou explorassem o trabalho dos *ingênuos* até os 21 anos, em caso do não pagamento da dívida. A lei determinava o registro obrigatório da população escrava, criava um fundo de emancipação, instituía o direito ao pecúlio escravo e reconhecia o direito do negro de comprar sua liberdade com recursos próprios. A lei impedia a revogação das alforrias e o abandono de escravos idosos.

Foi violenta a oposição dos proprietários, sobretudo os do Sudeste. Em verdade, este parece ter sido o primeiro grande debate nacional a ganhar os jornais, as praças, os teatros, os saraus familiares. Algumas mobilizações emancipacionistas reuniram milhares de pessoas. Os opositores ao projeto Rio Branco primaram pela argumentação hipócrita e demagógica. Eles afirmavam que os senhores, desinteressados na criação dos *ingênuos*, deixariam-nos morrer sem cuidados; que a proposta era desumana, pois opunha filhos livres a pais escravos; que ela incentivava as escravarias à desordem, à revolta, ao crime. O escritor José de Alencar, tido como a maior expressão do Romantismo brasileiro, destacou-se por seus apaixonados ataques ao projeto de lei. A principal crítica dos escravistas era que a reforma infringia o sacrossanto direito de propriedade.

Atentado à propriedade

Os escravistas lembravam que a escravidão podia ser contra os direitos naturais do homem, mas era reconhecida e defendida pela lei; que a Constituição determinava a indenização do proprietário expropriado de seu bem. Como o fruto da árvore ou a cria do gado, o recém-nascido pertencia ao proprietário de sua mãe. A lei seria um atentado ao direito de propriedade. Na ocasião, chegou-se a apresentar o projeto como proposta inspirada na terrível Internacional Comunista. Precisamente em inícios de 1871, a burguesia francesa esmagaria, a ferro e fogo, a *Comuna de Paris*, o primeiro Estado operário que conseguiu manter seu poder por algumas semanas. Apesar da violenta oposição, o projeto foi aprovado sobretudo com os votos dos deputados e senadores, liberais e conservadores, das províncias que vendiam seus escravos para o Sudeste. Dos sete deputados cearenses, apenas um se opôs ao projeto; dos oito do Rio de Janeiro, apenas um apoiou a iniciativa; dos 45 deputados que votaram, em última instância, contra o projeto, 2/3 provinham de províncias cafeicultoras.

A Lei de 28 de setembro de 1871 passou à história com o nome de Lei Rio Branco ou Lei do Ventre Livre. Ela mostrou-se uma verdadeira vitória de Pirro. Após sua aprovação, os grandes proprietários pararam de criticá-la e passaram a apoiá-la ferrenhamente. Segundo eles, a Lei dispensaria qualquer outra medida antiescravista, pois o envelhecimento e morte dos trabalhadores escravizados e a liberdade dos *ingênuos* levariam o cativeiro à extinção. Isso era uma falácia. Se uma mulher escravizada, nascida dias antes da Lei, tivesse um filho em uma idade extrema, digamos aos 50 anos, ele alcançaria a liberdade 21 anos mais tarde, em 1941; o que permitiria que fosse alistado na Força Expedicionária Brasileira, enviado para a Itália durante a II Guerra Mundial. Folga dizer que os senhores registravam milhares de crianças nascidas em 1871 como se tivessem sido paridas antes da Lei.

O historiador norte-americano Robert Conrad lembrou que a Lei "não trouxe qualquer mudança imediata nas vidas da maioria dos escravos" ou dos *ingênuos* libertados. Em verdade, ele reconhece que tais "como as coisas se passaram, um dos resultados importantes da Lei Rio Branco foi o adiamento do verdadeiro abolicionismo, conforme o governo do Visconde do Rio Branco esperava". Para a opinião pública internacional, que conhecia apenas superficialmente a Lei, era como se o problema escravo tivesse sido resolvido e, portanto, dom Pedro pudesse pavonear-se de liberal e de humanitário diante das relações literárias e científicas européias que tanto prezava. Mesmo no Brasil, o emancipacionismo mergulhou em um verdadeiro impasse e deixou de existir como movimento político efetivo. Apenas alguns homens continuaram, isolada e teimosamente, uma pregação e uma agitação quase sem conseqüências.

Os grandes defraudados foram logicamente os mais de 1,5 milhão de homens, mulheres, adultos, jovens e crianças escravizados nas cidades e campos brasileiros. Se bem que seja difícil avaliar em que medida essa massa sofrida tomara conhecimento dos debates, sabemos que durante os anos imediatamente anteriores a 1871, as escravarias esperaram angustiadamente que algo se fizesse em seu favor. Um político lembrava em 1884:

> Por cinco anos, de 1866 a 1871 (...) irradiou do trono do Brasil (...) a promessa da libertação dos míseros escravos. Todos lembram-se das viagens que neste período fez o Chefe de Estado pelo nosso interior; se era dia desocupado a escravatura bordava as estradas em duas alas, de joelhos, abençoando o Redentor. (...) chegou a hora da sua realização pela Lei de 28 de setembro e a decepção dos míseros foi triste e completa.

Apesar de não termos estudos precisos sobre a resistência escrava no período, diversos autores sugerem que a desilusão da população escrava resultou em um recrudescimento da rebeldia servil, expresso no aumento do número de suicídios, fugas, atentados contra senhores e capatazes e rebeliões. Contra a agitação das senzalas, os senhores lançaram mão do tradicional antídoto: a repressão. Entre outras medidas, em 27 de abril de 1875, uma lei provincial permitiu que os proprietários do Rio Grande do Sul, província que possuía ainda uma grande população escrava, sustentassem forças pára-policiais em suas fazendas.

Capítulo 15

O Fim do Escravismo

A Lei Rio Branco permitiu uma transitória mas real vitória dos escravistas. Por uma década, a questão servil deixou de ocupar as preocupações da nação e arrefeceu a pressão internacional contra a instituição. Entretanto, o grande sucesso do romance de Bernardo Guimarães, *A escrava Isaura*, em 1875, além de apontar as limitações da sensibilidade antiescravista da época, sugeria que o emancipacionismo encontrava-se adormecido mas não aniquilado. O romance relata as aventuras de uma escrava doméstica que foge do senhor para defender a sua *inocência*. Para comover os seus leitores, o autor construiu um personagem que constituía uma verdadeira antítese da escrava real de então - Isaura era branca como as nuvens e fora educada como uma filha por um casal abastado.

As secas do Nordeste de 1877-1880 aceleraram a expulsão da população livre do interior em direção às terras úmidas do litoral, onde essa massa desenraizada substituiu os trabalhadores negros escravizados, que continuavam a ser vendidos para as fazendas cafeicultoras do Sudeste. A falta de mão-de-obra escravizada nas plantações foi também aliviada com a construção de ferrovias que permitiram transferir para os trabalhos rurais milhares de cativos empregados na condução das mulas usadas no transporte do café das fazendas até portos marítimos.

Em 1879, renasceu com redobrada força o movimento emancipacionista. Em um verdadeiro processo de radicalização, ele assumiria, nos anos seguintes, um claro cunho abolicionista. Abandonavam-se gradualmente as reivindicações de reforma e começava-se a exigir simplesmente o fim da instituição. Assinala-se como lançamento desta segunda fase do movimento o discurso antiescravista, de 5 de março de 1879, pronunciado na Câmara pelo deputado baiano Jerônimo Sodré. Na ocasião, ele denunciou a ineficácia da Lei Rio Branco e pediu a extinção da escravatura. Os principais representantes parlamentares dos grandes proprietários responderam afirmando que simplesmente não era possível ir além da Lei do Ventre Livre.

A partir de 1879, diversas sociedades antiescravistas foram fundadas pelo Brasil, destacando-se a sociedade abolicionista cearense *Perseverança e Porvir*, que confluiria, em 1880, na importante *Sociedade Cearense Libertadora*. Havia algum tempo se percebia a crescente divisão do Império em províncias escravistas e não-escravistas. Temendo que tal oposição levasse a um rompimento total do *pacto escravista nacional* e da abolição do cativeiro, os deputados das províncias cafeicultoras votaram leis regionais que coibiam o tráfico interprovincial de escravos.

Em dezembro de 1880, a Assembléia Provincial do Rio de Janeiro taxou o ingresso na província de cativos com um imposto *per capita* de um conto e meio (o valor médio de um escravo). A medida foi prontamente seguida pelas Assembléias

Provinciais de Minas Gerais e de São Paulo. Entretanto, o tiro saiu pela culatra. Mal se aprovavam as leis, despencavam os preços dos cativos na província do Ceará onde constituíam sobretudo *mercadoria* de exportação e não mais força de trabalho. Aproveitando a conjuntura favorável, militantes da Sociedade Cearense Libertadora induziram dois ex-escravos e líderes portuários, Francisco José do Nascimento e José Napoleão, a convencerem os jangadeiros do porto a não mais transportarem trabalhadores escravizados dos cais até os navios que os levavam para o Sul.

Território livre

O abolicionismo abandonava os salões e tornava-se um movimento de massas. A 27 de janeiro de 1881, fechava-se o porto de Fortaleza ao embarque de cativos, o que assentava uma estocada profunda no escravismo cearense. O movimento galvanizou a população que defendeu energicamente a decisão. Em 30 de agosto, um panfleto com o título sugestivo de *Corra Sangue* conclamava 6 mil populares a enfrentarem fisicamente, se preciso fosse, as tropas das novas autoridades provinciais que pretendiam reabrir, à força, o porto. A vitória no Ceará fora assegurada com a aliança dos militantes antiescravistas aos segmentos urbanos intermediários e, sobretudo, às menosprezadas camadas populares urbanas, formadas principalmente por trabalhadores braçais livres e libertos, em sua grande maioria negros e mestiços.

Os grandes fazendeiros responderam às vitórias antiescravistas de 1879 e 1880 com uma violenta contra-ofensiva. As leis eleitorais censitárias do Império reservavam o poder aos protegidos da oligarquia proprietária. Nas eleições de novembro de 1881, os candidatos antiescravistas foram simplesmente aplastados. Nem um só militante desta corrente foi eleito à Câmara dos Deputados. O brilhante e elitista

Joaquim Nabuco, líder dos antiescravistas moderados e filho de um grande estadista do Império, recebeu apenas 90 dos 1.911 votos do primeiro distrito eleitoral do Rio de Janeiro, perdendo a vaga parlamentar para um obscuro candidato dos proprietários escravistas.

A derrota eleitoral de 1881 arrefeceu o movimento. Tratava-se de uma de pausa para reflexão. Descrentes dos caminhos parlamentares, muitos abolicionistas optaram pela ação direta e pelo fim total da escravidão. Há indícios de que, por esta época, abolicionistas paulistas começaram a entrar em contato com a massa servil, organizando as primeiras fugas das fazendas. Em novembro de 1882, foi descoberto um plano insurrecional em uma fazenda paulista. Cercados em suas senzalas, os cativos repeliram o assalto e, em número de 73, fugiram em direção à cidade de Campinas, dando vivas à República e à liberdade. Dava-se um salto de qualidade na luta contra a escravidão. Associava-se aos abolicionistas, quase organicamente, o principal interessado pelo fim do cativeiro – a classe servil.

Nos meses seguintes, proliferaram por todo o país clubes e associações abolicionistas. Em maio de 1883, fundou-se, no Rio de Janeiro, a Confederação Abolicionista que reunia associações provinciais antiescravistas de todo o país. Em agosto, no Teatro dom Pedro II, também na Corte, diante de quase 2 mil pessoas, a Confederação lançou um manifesto dirigido à população e ao corpo legislativo. A campanha abolicionista começava a envolver as cidades e a agitar perigosamente senzalas e fazendas. No Ceará, abolicionistas organizaram um grande movimento de emancipação que resultou, em 25 de março de 1884 – com a alforria do que se acreditava ser o último homem escravizado da província –, na proclamação do fim do cativeiro no Ceará.

Assustado com a força e a radicalização abolicionista, dom Pedro tentou esvaziar o movimento repetindo a manobra de 1871. Em junho de 1884, o senador Manoel Souza

Dantas liderou um gabinete liberal reformista e apresentou um projeto de lei sobre a liberdade dos escravos sexagenários. Uma proposta deveras limitada. Era baixa a esperança de vida da população escravizada e a medida lançava o fim do cativeiro para além do início do século XX. Os últimos escravos brasileiros seriam os nascidos no início de 1871, antes da Lei do Ventre Livre. Eles seriam libertados em 1931, ao completarem 60 anos. O movimento abolicionista sentia-se suficientemente confiante para exigir a abolição final do cativeiro. Em 10 de julho do mesmo ano, uma outra campanha provincial resultou na proclamação do fim da escravidão na província do Amazonas, região onde a escravidão deixara de representar papel significativo em função do auge econômico seringueiro.

Contra-ofensiva escravista

A tímida reforma proposta por Souza Dantas foi rejeitada pelos cafeicultores escravistas e seus representantes parlamentares que, em 4 de maio de 1885, aprovaram um voto de desconfiança ao ministério. José Antônio de Saraiva, liberal ligado aos grandes proprietários, organizou um novo gabinete e modificou em sentido restritivo o projeto Dantas, aprovado na Câmara em meados de agosto. Para ser aprovado o projeto, o liberal Saraiva tivera que se apoiar sobretudo nos votos dos deputados conservadores. Desgastado diante de seu *partido*, dom Pedro substituiu-o pelo Barão de Cotegipe, importante líder conservador que formou um novo governo (em agosto de 1885) e comandou a rápida aprovação do projeto. A Lei Saraiva-Cotegipe foi sancionada em 28 de setembro de 1885.

Os abolicionistas consideraram a Lei Saraiva-Cotegipe como uma verdadeira provocação escravista. Ela determinava que os sexagenários trabalhassem ainda três anos gratuitamente te a fim de *indenizarem* os senhores e elevava a tabela do valor etário dos escravos. A Lei dificultava a emancipação financiada pelo fundo determinado pela Lei de 1871 e ainda mais o auto-resgate dos cativos; obrigava o liberto a residir por cinco anos no município onde fora alforriado. A medida que mais indignou os abolicionistas foi a decisão de enquadrar no artigo 260 do Código Criminal - até dois anos de prisão - todos aqueles que ajudassem um trabalhador escravizado a fugir.

A chamada Lei Saraiva-Cotegipe esgotou a paciência dos antiescravistas. Os abolicionistas responderam fortalecendo a agitação libertária e a ação direta junto aos cativos. Nessa época, formou-se em São Paulo o grupo abolicionista dos *caifazes*, dirigido pelo carismático e místico Antônio Bento. Este clube secreto distinguia-se pela violenta agitação e pela organização de fugas nas senzalas paulistas. Nesse contexto explosivo, em que eram cada vez mais freqüentes os choques sangrentos entre abolicionistas e escravistas, a escravidão foi abolida em Cuba, em 7 de outubro de 1886, ficando o Brasil com o triste laurel - que porta até hoje - de última nação moderna escravista das Américas e de todo o mundo.

Durante a escravidão, era relativamente comum os escravos serem condenados a mil ou a 1.500 açoites, geralmente ministrados em doses diárias de 50 golpes. No final de 1886, a morte de dois de quatro escravos condenados por um tribunal fluminense à bestial pena de 300 chicotadas cada um criou um fortíssimo movimento de opinião, levando o Parlamento a aprovar a Lei 3.310, de outubro de 1886, que abolia o castigo físico aos trabalhadores escravizados em estabelecimentos públicos. Na ocasião dos debates sobre o projeto, diversos representantes dos cafeicultores lembraram que o fim do castigo físico significava, de fato, o fim do cativeiro, visto que só o terror e o medo ao castigo mantinham a ordem nas senzalas. Nos momentos da agonia final da instituição, os escravistas eram obrigados a reconhecer que a tortura física era em última instância a pedra basilar da produção negreira.

A abolição do açoite soou como o réquiem do cativeiro. No início de 1887, após ter falhado um plano de abandono em massa das fazendas paulistas no dia de Natal, os cativos começaram a fugir individualmente ou em grupos cada vez mais numerosos. Um dos principais refúgios dos fugitivos era a cidade de Santos, verdadeiro reduto abolicionista, que emancipara seus trabalhadores escravizados com a Lei Municipal de 15 de outubro de 1886, o que era ilegal, segundo a legislação do Império. O abandono maciço dos cafezais, em junho/julho de 1887, fez com que muitos fazendeiros paulistas alforriassem seus cativos, desde que trabalhassem gratuitamente por três anos. Nos meses seguintes, diminuíram ainda mais as exigências senhoriais. Não poucos libertaram seus escravos e ofereceram-lhes salários.

Agonia final

Em fins de 1887, era tamanha a agitação nas fazendas cafeicultoras de São Paulo, que o deputado paulista Antônio Prado, grande fazendeiro e líder cafeicultor, converteu-se na Câmara, em 13 de setembro de 1887, ao reformismo e propôs que se pusesse fim a uma instituição que já agonizava. Em meados de outubro, 150 cativos fugiram armados de uma fazenda da região de Itu e derrotaram, antes de serem dispersos, um forte destacamento policial. Este exemplo da disposição de ânimo das escravarias teve grande repercussão e possivelmente levou Marechal Deodoro da Fonseca à liderança do Clube Militar para requerer à princesa Isabel, na Regência, que reservasse estrategicamente o Exército para a manutenção da ordem e que não o empregasse na perseguição de trabalhadores escravizados fugidos.

Nos primeiros meses de 1888, a desordem que invadira as plantações paulistas desorganizava igualmente as fazendas cafeicultoras da província do Rio de Janeiro, onde eram

Princesa Isabel.

violentíssimos os choques entre os pró e antiescravistas. Em praticamente todo o país, os cativos se agitavam e, muitas vezes, abandonavam pacificamente as fazendas, dirigiam-se para as cidades ou se escondiam nos matos e nos cerros. Em março, a Assembléia Provincial de São Paulo, rendendo-se à força da realidade, aprovou uma petição à Assembléia Nacional exigindo o rápido fim do cativeiro.

Em março, um incidente menor entre forças policiais da Corte e marinheiros facilitou a demissão do gabinete do Barão de Cotegipe, último reduto da resistência escravista. Foi chamado ao governo o senador conservador pernambucano João Alfredo de Oliveira, que associou ao seu governo o líder paulista Antônio Prado, recentemente convertido ao abolicionismo. Na Fala do Trono de 3 de maio de 1888, a princesa-regente, referindo-se em termos moralizadores à necessidade de se pôr-se fim à escravatura, conclamou os deputados a legislarem sobre a repressão à ociosidade: "Muito importa à segurança pública aperfeiçoar a nossa legislação repressiva da ociosidade, no intuito de promover pelo trabalho a educação moral." A grande preocupação das elites era então quem substituiria os trabalhadores feitorizados nas duras tarefas das fazendas.

João Alfredo e Antônio Prado pretendiam apresentar um projeto abolicionista que indenizasse os proprietários e obrigasse, no mínimo, os trabalhadores recém-libertos a terminarem a colheita nas suas respectivas fazendas. Os deputados liberais e os abolicionistas – apoiando-se na força dos acontecimentos em curso – deixaram claro que não se prestariam a nenhuma concessão. Em 7 de maio de 1888, foi apresentado um lacônico projeto de lei que abolia a escravidão. Ele foi aprovado e sancionado seis dias mais tarde. Chegava ao fim a instituição que ordenava a vida do Brasil desde 1532.

A oposição à abolição sem indenização fora feita sobretudo pelos deputados da província do Rio de Janeiro. As terras do Vale do Paraíba fluminense tinham entrado em um acelerado processo de esgotamento. Os cafeicultores da região mantinham sua riqueza feitorizando duramente seus cativos; era o valor das escravarias e não o das terras que constituía o lastro patrimonial dos grandes proprietários. A abolição da escravatura sem indenização significou para os cafeicultores fluminenses uma verdadeira hecatombe social. Ela resultou no empobrecimento geral dos latifundiários fluminenses que, em alguns casos, arruinaram-se totalmente.

Os novos negros

Nos anos de 1870, o coração da produção cafeicultora deslocara-se da província do Rio de Janeiro para a de São Paulo. A maior produtividade das explorações paulistas permitiu

Casal de velhos negros após a Abolição.

que a região suportasse bem a transição do trabalho escravo para o trabalho livre. A grande preocupação dos proprietários do Sudeste era como substituir os cativos quando estes faltassem devido à crescente mortalidade ou a uma eventual emancipação. A produção escrava exigia uma massa de trabalhadores que não fosse além de sua necessidade, pois o trabalhador excedente não produzia mas devia ser sustentado.

Para contratar ex-escravos e *caboclos* livres, os senhores deveriam oferecer altos salários. A população cabocla não era muito numerosa e boa parte dela vivia dedicada a uma agricultura de subsistência em uma nesga de terra qualquer. As três Leis de Serviço, votadas respectivamente em 1830, 1837 e 1879, procuraram inutilmente estabelecer uma legislação semiservil que submetesse o trabalhador livre à autoridade e à coação de seu empregador. Em verdade, do ponto de vista dos grandes proprietários, o trabalho livre *exigia* uma realidade em que a oferta de trabalhadores excedesse de longe a procura. Ou seja, construir o *exército agrário de reserva* que garantisse, por meio de mecanismos econômicos, a baixa tendencial do valor do trabalho.

A solução foi atrair imigrantes da Europa. Como vimos, nas últimas décadas do século XIX, existia na Europa, e principalmente na Itália, contingentes populacionais rurais propensos a tentar uma vida melhor no Novo Mundo. Conscientes do fim próximo da escravidão e carentes de mão-de-obra, cafeicultores paulistas começaram a preocupar-se seriamente com a imigração. Para organizar um fluxo migratório em direção a São Paulo, milhares de panfletos e apostilas foram escritos em português, alemão e italiano e distribuídos na Europa. Sobretudo a Itália foi invadida por inúmeros folhetos apologéticos que falavam maravilhas do Brasil e sugeriam que os emigrantes, após trabalharem alguns anos nas fazendas, ascenderiam facilmente à posse da terra. Prometiam *mundos e fundos* para os que emigrassem.

Martinho Prado, fazendeiro republicano, irmão do conhecido político paulista e um dos fundadores da Sociedade Promotora da Imigração, viajou para a Itália onde chegou a falar em praças públicas sobre as vantagens oferecidas àqueles que quisessem partir para o Brasil. O fluxo migratório, que tivera início em direção ao sul do Brasil, foi parcialmente reorientado para o Centro-Sul. Em 1884, a Assembléia Provincial de São Paulo votou o pagamento das passagens dos imigrantes. A partir de 1887, levantaram-se hospedarias em Santos, Ribeirão Preto e outros pontos de São Paulo. Logo, o governo central garantiria a passagem de todos os que quisessem viajar com suas famílias para São Paulo. Assim, os recursos públicos que eventualmente poderiam indenizar os ex-proprietários de escravos foram utilizados no financiamento da mão-de-obra necessária às fazendas cafeicultoras paulistas. Em 1887 e 1888, em uma verdadeira metáfora histórica, os imigrantes que subiam a serra em direção das fazendas paulistas do interior cruzavam com os trabalhadores escravizados negros que fugiam dos cafezais para tentarem uma melhor sorte nas cidades.

Tabela I: *Entrada de imigrantes no Brasil e em São Paulo.**

Ano	São Paulo	Resto do Brasil	Total
1819	–	1.790	1.790
1820-1829	955	7.765	8.720
1830-1839	304	2.669	2.973
1840-1849	649	7.703	8.352
1850-1859	6.310	117.592	123.902
1860-1869	1.681	110.093	111.774
1870-1879	11.730	193.931	205.661
1880-1889	183.979	527.869	711.848
1890-1899	1.205.803	735.076	1.940.879

Fonte: DOWBOR, Ladislau. *A formação do capitalismo dependente no Brasil.* Lisboa : Prelo, 1977. p. 155.
* Na tabela, não está computada a saída de imigrantes do Brasil.

Bibliografia

ARQUIVO DO ESTADO DA BAHIA. *Revolução de 7 de Novembro de 1837* (Sabinada). Salvador : Companhia Editora e Graphica, 1939. v. 2.

ABREU, Capistrano de. *Capítulos de história colonial*: 1500-1800. 6. ed. Rio de Janeiro : Civilização Brasileira, Brasília : MEC, 1976.

ALBUQUERQUE, Manoel Maurício de. *Pequena história da formação social brasileira.* 2. ed. Rio de Janeiro : Graal, 1981.

ALMADA, Vilma Paraíso Ferreira. *Escravismo e transição:* 1850-1888. Rio de Janeiro : Graal, 1984.

ANDRADE, Manuel Correia de. *A Guerra dos Cabanos.* Rio de Janeiro : Conquista, 1965.

———. *Movimentos nativistas em Pernambuco:* Setembrizada e Novembrada. Recife : Universidade Federal de Pernambuco, 1971.

ARMITAGE, John. *História do Brasil:* desde a chegada da real família de Bragança, em 1808, até a abdicação do Imperador D. Pedro I, em 1831. 6. ed. São Paulo : Melhoramentos, Brasília : INL, 1977.

BETHELL, Leslie. *A abolição do tráfico de escravos no Brasil:* a Grã-Bretanha, o Brasil e a questão do tráfico de escravos (1807-1869). Rio de Janeiro : Expressão e Cultura, São Paulo : EDUSP, 1976.

BOXER, C. R. *A Idade de ouro do Brasil.* São Paulo : CEN, 1963.

———. *Salvador de Sá:* e a luta pelo Brasil e Angola (1602-1686). São Paulo : CEN/ EDUSP, 1973.

CALDEIRA, Jorge. *Mauá:* empresário do Império. São Paulo : Companhia das Letras, 1995.

CALMON, Pedro. *História da civilização brasileira.* São Paulo : CEN, sd.

———. *O rei filósofo:* a vida de D. Pedro II. São Paulo : CEN, 1938.

CASTRO, H. M. Mattos de. *Das cores do silêncio:* os significados da liberdade no sudeste escravista – Brasil séc. XIX. Rio de Janeiro : Arquivo Nacional, 1995.

CONRAD, Robert E. *Tumbeiros:* tráfico de escravos para o Brasil. São Paulo : Brasiliense, 1985.
———. *Os últimos anos da escravatura no Brasil:* 1850-1888. Rio de Janeiro : Civilização Brasileira, Brasília : INL, 1975.
COSTA, Emília Vioti. *A Abolição.* São Paulo : Global, 1982.
———. *Da senzala à Colônia.* 2. ed. São Paulo : Ciências Humanas, 1982.
______. *Da Monarquia à República:* momentos decisivos. 4. ed. São Paulo : Brasiliense, 1987.
DE BONI, Luís A., COSTA, Rovílio. *Os italianos no Rio Grande do Sul.* 3. ed. Caxias do Sul : UCS/EST, 1984.
DEAN, Warren. *Rio Claro:* um sistema brasileiro de grande lavoura (1820-1920). Rio de Janeiro : Paz e Terra, 1977.
DIAS, Claudete Maria Miranda. *Balaio e bem-te-vis:* a guerrilha sertaneja. Teresina : Fundação Cultural Monsenhor Chaves, 1996.
EL-KAREH, Almir Chaiban. *Filha branca de mãe preta:* a companhia de estrada de ferro D. Pedro II (1855-1865). Petrópolis : Vozes, 1982.
FALAS DO TRONO. Desde o ano de 1823 até o ano de 1889. São Paulo : Melhoramentos, 1977.
FALCI, Miridam Britto Knox. *Escravos do sertão.* Teresina : Fundação Cultural Monsenhor Chaves, 1995.
FREITAS, Décio. *Os Guerrilheiros do imperador.* Rio de Janeiro : Graal, 1978.
FROSI, Vitalina, MIORANZA, Ciro. *Imigração italiana no nordeste do Rio Grande do Sul.* Porto Alegre : UCS/ISBIEP/Movimento, 1975.
GIRON, Loraine Slomp. A imigração italiana no RS : fatores determinantes. In: LANDO, Aldair Marli *et al. RS:* imigração & colonização. Porto Alegre : Mercado Aberto, 1980. p. 47-66.
———. *As sombras do littorio:* o fascismo no Rio Grande do Sul. Porto Alegre : Parlenda, 1994.
———. *Caxias do Sul: evolução histórica.* Caxias do Sul : UCS/EST, 1977.
GORENDER, Jacob. *A escravidão reabilitada.* São Paulo : Ática, 1990.
———. *O Escravismo Colonial.* 5. ed. São Paulo : Ática, 1988.
GOULART, José Alípio. *Da palmatória ao patíbulo.* Rio de Janeiro : Instituto Nacional do Livro/Conquista, sd.
GUTIERREZ, Ester. *Negros, charqueadas & olarias*: um estudo sobre o espaço pelotense. Pelotas : UFPel, 1993.
IANNI, Octávio. Aspectos políticos e econômicos da imigração italiana. *In: Imigração italiana:* estudos. Caxias do Sul : UCS/EST, 1979.
———. *Escravidão e racismo.* São Paulo : HUCITEC, 1987.
LEMOS, Carlos A. C. *Cozinhas etc.* 2. ed. São Paulo : Perspectiva, 1978.
LOPES, L. Carlos. *O espelho e a imagem:* o escravo na historiografia brasileira (1808-1920). Rio de Janeiro : Achiamé, 1987.
MAESTRI, Mário. *Servidão negra.* Porto Alegre : Mercado Aberto, 1988.
———. *Breve história da escravidão.* Porto Alegre : Mercado Aberto, 1987.
———. *Depoimentos de escravos brasileiros.* São Paulo : Ícone, 1988.
———. *O escravismo no Brasil.* São Paulo : Atual, 1994.
MAESTRI, Mário. (org.) *Nós, os ítalo-gaúchos.* Porto Alegre : UFRGS, 1996.

MALHEIRO, Perdigão. *A Escravidão no Brasil:* ensaio histórico, jurídico, social. 3. ed. Petrópolis : Vozes, Brasília : INL, 1976.

MANFROI, Olivio. *A colonização italiana no Rio Grande do Sul:* implicações econômicas, políticas e culturais. Porto Alegre : Grafosul/Instituto Estadual do Livro, 1975.

MARX, Murillo. *Cidade no Brasil:* terra de quem? São Paulo : Nobel, EDUSP, 1991.

MILLET, Sérgio. *Roteiro do café e outros ensaios.* 4. ed. São Paulo : HUCITEC, Brasília : INL, 1982.

MORAES, Evaristo de. *A escravidão africana no Brasil.* 2. ed. Brasília : Universidade de Brasília/INL, 1986.

PEIXOTO, P. M. *Caxias:* nume tutelar da nacionalidade. Rio de Janeiro : Edico, 1973.

PELLANDA, Ernesto. Aspectos gerais da colonização italiana no Rio Grande do Sul. *In*: *Album comemorativo do 75° aniversário da colonização italiana no Rio Grande do Sul.* Porto Alegre : Globo, 1950, p. 33-64.

PETRONE, Maria Theresa. Política imigratória e interesses econômicos:(1824-1930). *In*: *Emigrazioni europee e popolo brasiliano.* Roma : Centro Studi Emigrazione, 1987. pp. 257-269. [Atti del Congresso euro-brasiliano sulle migrazioni, São Paulo, 1985].

———. *A lavoura canavieira em São Paulo* : expansão e declínio (1765-1851). São Paulo : Difusão Européia do Livro, 1968.

QUEIRÓS, Suely Robles Reis de. *Escravidão negra em São Paulo* : um estudo das tensões provocadas pelo escravismo no século XIX. Rio de Janeiro : José Olympio, Brasília : INL, 1977.

QUINTAS, Amaro. *O sentido social da Revolução Praieira.* Rio de Janeiro : Civilização Brasileira, 1967.

RAEDERS, Gerges. *O inimigo cordial do Brasil*: o Conde de Gobineau no Brasil. Rio de Janeiro : Paz e Terra, 1988.

RAMBO, Balduino. A zona de colonização italiana – estudo geográfico. *In*: *Album comemorativo do 75° aniversário da colonização italiana no Rio Grande do Sul.* Porto Alegre : Globo, 1950.

REIS FILHO, Nestor Goulart. *Quadros da arquitetura no Brasil.* 4. ed. São Paulo : Perspectiva.

REIS, João José. *Rebelião escrava no Brasil.* São Paulo : Brasiliense, 1986.

REIS, João Reis, SILVA, Eduardo. *Negociação e conflito:* resistência negra no Brasil escravista. São Paulo : Companhia das Letras, 1989.

RIO-BRANCO, Miguel P. do. *Centenário da Lei do Ventre Livre.* Rio de Janeiro : Conselho Federal de Cultura, 1976.

SALLES, Vicente. *O Negro no Pará.* Rio de Janeiro : FGV/UF Pará, 1971.

SANTOS, Ronaldo Marcos dos. *Resistência e superação do escravismo na província de São Paulo* (1885-1888). São Paulo : IPE/USP, 1980.

SARAIVA, José Hermano. *História concisa de Portugal.* 11. ed. Portugal : Europa-América, 1987.

SCHWARCZ, Lilia Mortiz. *O espetáculo das raças:* cientistas, instituições e questão racial no Brasil. 1870-1930. São Paulo : Companhia das Letras, 1993.

SERRA, Astolfo. *A Balaiada.* Rio de Janeiro : Badeschi, 1946.

SILVA, Eduardo. *Barões e escravidão:* três gerações de fazendeiros e a crise da estrutura escravista. Rio de Janeiro : Nova Fronteira, Brasília : INL, 1984.

SOARES, A. J. Macedo. *Campanha jurídica pela libertação dos escravos:* (1867-1888). Rio de Janeiro : José Olympio, 1938.

SOARES, Sebastião Ferreira. *Notas estatísticas sobre a produção agrícola e carestia dos gêneros alimentícios no Império do Brasil.* Rio de Janeiro : IPEA/INPES, 1977.

SODRÉ, Nelson Werneck. *História da literatura brasileira:* seus fundamentos econômicos. 5. ed. Rio de Janeiro : Civilização Brasileira, 1969.

SOUSA, Jorge Prata de. *Escravidão ou morte:* os escravos brasileiros na Guerra do Paraguai. Rio de Janeiro : Mauad/ADESA, 1996.

SOUSA, Octávio Tarquínio de. *A vida de D. Pedro I.* Rio de Janeiro : José Olympio, 1972. t. 1, 2.

———. *Bernardo Pereira de Vasconcelos:* história dos fundadores do Império do Brasil. Belo Horizonte : Itatiaia, São Paulo : EDUSP, 1988.

SPINDEL, Cheywak. *Homens e máquinas na transição de uma economia cafeeira.* Rio de Janeiro : Paz e Terra, 1979.

STEIN, Stanley J. *Grandeza e decadência do café no Vale do Paraíba.* São Paulo : Brasiliense, 1961.

SURET-CANALE, J. *Afrique noire:* Occidentale et Centrale. L'ère coloniale. France : Éditions Sociales, 1977.

TAVARES, Francisco Munis. *História da Revolução de Pernambuco em 1817.* 3. ed. Recife : Instituto Arqueológico e Geográfico Pernambucano, 1917.

TAVARES, Luís Henrique Dias. *A Independência do Brasil na Bahia.* Rio de Janeiro : Civilização Brasileira, Brasília : INL, 1977.

VANGELISTA, Chiara. *Os braços da lavoura:* imigrantes e *caipiras* na formação do mercado de trabalho paulista (1850-1930). São Paulo : HUCITEC/Instituto Italiano de Cultura, 1991.

VIANNA, Oliveira. *Populações meridionais do Brasil.* Rio de Janeiro : Paz e Terra, 1973. v. 1.

WEECH, J. F von. *A agricultura e o comércio no sistema colonial.* São Paulo : Martins Fontes, 1992.

Impressão e acabamento:
GRÁFICA PAYM
Tel. (011) 4392-3344